实用美学

主　编　俞天鹏　亢春光
副主编　冯斌斌　芦　景　杜华刚
主　审　黄　文

西南交通大学出版社
·成都·

图书在版编目（CIP）数据

实用美学 / 俞天鹏，亢春光主编. —成都：西南交通大学出版社，2009.6（2014.7 重印）
ISBN 978-7-5643-0278-8

Ⅰ. 实⋯ Ⅱ. ①俞⋯②亢⋯ Ⅲ. 美学－高等学校－教材 Ⅳ. B83

中国版本图书馆 CIP 数据核字（2009）第 102152 号

实 用 美 学

主编 俞天鹏 亢春光

责 任 编 辑	郭发仔
特 邀 编 辑	侯莲梅
封 面 设 计	墨创文化
出 版 发 行	西南交通大学出版社 （四川省成都市金牛区交大路 146 号）
发行部电话	028-87600564　87600533
邮 　 编	610031
网 　 址	http://www.xnjdcbs.com
印 　 刷	成都蜀通印务有限责任公司
成 品 尺 寸	146 mm×208 mm
印 　 张	8.125
字 　 数	204 千字
版 　 次	2009 年 6 月第 1 版
印 　 次	2014 年 7 月第 4 次
书 　 号	ISBN 978-7-5643-0278-8
定 　 价	19.00 元

前　言

美是什么？这是来自柏拉图的追问。正是这一问，开启了全部美学发展的历史，也开启了人类精神家园的大门。

审美教育是一种按照美的标准培养人的形象化的情感教育。它以特定时代、特定阶级的审美观念为标准。通过审美教育，可以使人具有美的理想、美的情操、美的品格、美的素养，具有欣赏美和创造美的能力。美育既通向人类历史文化的纵深，又关联人类社会的未来，是不同时代、不同文化背景下的人们之间进行对话的桥梁。从某种意义上说，审美教育进行得如何，不仅关系着一个民族的兴衰，而且关系着人类的生存质量。

当代大学生是祖国的栋梁，是社会主义事业的建设者和接班人，对他们加强美育教育，把他们培养成德、智、体、美、劳全面发展的人才，是我国高校的人才培养任务之一。而美学是审美教育的主要内容之一，是以对美的本质及其意义的研究为主题的学科。美学的基本问题是美的本质、审美意识同审美对象的关系等。美学教育是高等学校对学生进行的、以提高学生的审美修养为目标的课程体系。因此，作为培养高素质人才的阵地，学校必须重视美学教育，增强学生的美学素养，提高他们的审美能力。

《实用美学》正是基于以上美学教育目的而编写的。全书共九章，第一章"什么是美"、第二章"美的范畴"属于美学基本理论部分，第三章至第九章属于实用部分，选取了"建筑""身体""服饰""广告""饮食""工艺""电影"等领域分专章介绍，因为这些领域与当代大学生的学习、生活以及今后的工作密切相关。

《实用美学》追求实用，内容较为广泛，图文并茂，既有基础理论阐述，又有案例、趣事穿插，可读性强。该书既可以作为高校美学选修课程的教学用书，又可以作为在校大学生和一般美学爱好者的参考读本。

由于时间匆促，水平有限，书中纰漏在所难免，敬请方家批评指正。

俞天鹏

2009 年 4 月于广元

目 录

第一章

什 么 是 美

美是什么？这是美学中一个最古老而又最基本的理论问题。关于美的本质，中外历代思想家进行了艰辛的探索。

第一节 西方视野中的美

毕达哥拉斯学派：美即数的和谐

毕达哥拉斯学派也称"南意大利学派"，盛行于公元前六世纪，是一个集政治、学术、宗教于一体的组织，是西方美学史上最早探讨美的本质的学派。该学派的成员大多是数学家、天文学家、音乐家。该学派认为数是万物的本原，因此他们认为美就是数的和谐。

他们首先发现声音的质的差别（如长短、高低、轻重等）都是由发音体方面的数量的差别所决定的。例如，发音体（如琴弦）长，声音就长；振动速度快，声音就高；振动速度慢，声音就低。因此，音乐节奏的和谐是由高低、长短、轻重各种不同的音调，按照一定的数量比例关系所构成的。这派学者是用数的比例来表示不同音程的创始人，如第八音程是 1：2，第四音程是 3：4，第五音程是 2：3，等等。

毕达哥拉斯学派把音乐中和谐的道理推广到建筑、雕刻等其他艺术形式上，得出了一些经验性的规范。例如，在欧洲有长久影响的"黄金分割"就是该派学者发现的。毕达哥拉斯学派偏重于美的形式的研究，他们认为在一切平面图形中，圆形是最美的。

这派学者还把数与和谐的原则应用于天文学的研究上，因而形成了所谓"诸天音乐"或"宇宙和谐"的概念。他们认为天上诸星体在遵照一定的轨道运动时，也会产生一种和谐的音乐。他们把天体看成圆球形，因此天体也具有美学的性质。

毕达哥拉斯学派还注意到艺术对人的影响。他们提出两种带有神秘色彩的看法，一个是"小宇宙"（人）类似"大宇宙"的看法（近似中国道家"小周天"的看法）。他们认为人体就像天体，都由数与和谐的原则统辖着。人有内在的和谐，一旦碰到外在的和谐，"同声相应"，二者就会欣然契合。因此，只有人才能爱美和欣赏艺术。另一个看法是人体的内在和谐可以受外在和谐的影响。他们把这个概念应用到医学上，得出了类似于中国传统医学中阴阳五行说的结论。在心理方面，内在和谐也可以受到外在和谐的影响。他们把音乐风格大体分为刚柔两种，不同的音乐风格可以使听众引起相应的心情变化，进而引起性格的变化，如听者性格偏柔，刚的乐调可以使他的心情由柔变刚。正因为艺术可以改变人的性情和性格，所以艺术有教育人的作用。

毕达哥拉斯学派带有神秘主义色彩的、客观唯心主义的和形式主义的美学思想，对柏拉图、普洛丁的新柏拉图主义以及文艺复兴时代专心钻研形式技巧的艺术家们，都发生过深刻的影响。

苏格拉底：美即功用

如果说毕达哥拉斯学派是从宇宙自然的角度来追问美的本质的话，那么苏格拉底则是从社会的角度来追问人的美德问题。苏格拉底认为美是相对的："一个粪筐也可能是美的"，"而一个金盾也可能是丑的"；"一桩东西对饥饿来说是好的，对热病来说就不好；对赛跑来说是美的东西，对摔跤来说往往可能就是丑的。因为一切事物对它们所适合的东西来说，都是既美又好的；而对它们不适合的东西，则是既丑又不好"。

苏格拉底不承认有绝对的、永恒的美存在。美只是相对存在的东西。简言之，美就是"适合"。

┌─────────────────┐
│　柏拉图：   │
│　美即理念   │
└─────────────────┘

柏拉图是西方美学的开山鼻祖。在柏拉图的思想中，真、善、美的内容是统一的。柏拉图划分了三个世界：理念世界（真实）、现实世界（影子）、艺术世界（影子的影子）。依据这个体系，他得出了具体美是对"美的理念"的分享，美就是"美的理念"本身的结论。

在柏拉图的哲学中，"理念"是精神性实体，是唯一真实的存在，是万物的本源；具体事物则是第二性的，是由"理念"派生的，是"理念"的影像或摹本。现实世界中出现的许多具体的美，无论是物质的还是精神的，无论它们如何美妙、有用和恰当，都不符合永久美的标准，都是有限的和暂时的，最终均会消失。但美的"理念"却以形式的整一与自身同一，永恒地存在着。"美的理念"只对自身而言存在，而一切具体的美的事物都是它的"分有"。"美的理念"只能在柏拉图的逻辑推理系统中才能得到理解，而不能超越它们的辩证组织而存在，犹如词离开句子、离开语言就成了毫无意义的东西一样。

柏拉图抬高理念美而贬低现实美。在《理想国》中，他认为一个人如果只承认美的东西而不承认有"美本身"，这个人就是在做梦。清醒的人不但能认识"美本身"，而且能够区别"美本身"和分有"美本身"的事物的美。"美的理念"是精神性的，是思想的对象，而不是看的对象。认识美不能凭感觉，也不能凭理智。在《斐德诺篇》和《会饮篇》中，柏拉图认为只有少数哲学家，即那些没有习染尘世罪恶而忘掉伟大景象的"爱智慧者、爱美者、诗神和爱神的顶礼者",才能通过灵魂的回忆,通过"具体美"的事物步步上升,在一种迷狂的状态下与"美本身"契合无间,凝神观照那超验的和神圣的美。

柏拉图提出的"美的理念"是美学史上的一场革命。他超出经验范围在抽象领域思考美的本质,提出了新的评价标准。黑格尔高度评价柏拉图是第一个对哲学研究提出更严格要求的人,他要求哲学对于对象应该认识的不是它们的特殊性而是它们的普遍性。从柏拉图开始,美才真正成为哲学研究的对象。

> **亚里士多德:**
> **美即整一性**

亚里士多德认为,美就是"整一性","整一性"就是事物的"秩序、匀称与明确"。"整一性"既有感性的形式特征,又具有精神的、理性的根源。美即整一性与外在形式相关,也与精神和理念相通。

一、美的根源来自"整一性"

亚里士多德认为自然事物和人工制品都是由于四种原因而存在的:质料因(事物构成的物质性元素)、形式因(事物的实现形状)创造因、(事物形成的动力)、目的因(事物形成后所要达到的效用)。创造因、目的因又归属于形式因,因此,一切事物主要是由形式因和质料因构成的。事物由于本身的一种"缺乏"从而产生自潜能(质料)走向现实(形式)的内在动力。例如,一粒种子自身就有长成一棵幼苗的内在原因和动力。因此,事物的"形式"就是事物的本质。

质料因与形式因之间处于变化之中。事物以形式因作为目的和动力,由下到上发展。实体越往上,质料或潜能就越来越少,形式就越来越纯粹。上溯到最高因,就是一种纯形式的实体,没有潜能和质料,亚里士多德又把它称为"神"。最高因(神)是一切事物运动追求的最后结果和最高目标，也是一切事物产生、发展的最终动力和根本法则。同时，它本身也完美无缺，也是至高无上的善。事物内在的这种趋向最高形式的动因，实质上也是美的动因。自然事物都有美与善的趋向，它们的生长过程，就是美与善的显现过程。丑和恶的事物，只是事物在自然发展过程中受到阻碍、歪曲的结果。

二、美的主要形式是"秩序、匀称与明确"

亚里士多德批判了柏拉图"理念说"的哲学观点，指出一般不能离开个别而独立存在。这实质上否定了柏拉图从"美的理念"来寻求美的根源的唯心主义路线，而认为美的本质就在于感性事物本身。

亚里士多德说："一个美的事物——一个活东西或一个由某些部分组成之物——不但它的各部分应有一定的安排，而且它的体积也应有一定的大小；因为美要依靠体积与安排，一个非常小的东西不能美；因为我们的观察处于不可感知的时间内，以致模糊不清；一个非常大的活东西，如一个一千里长的活东西，也不能美，因为不能一览而尽，看不出它的整一性（Wholeness）。"这说明亚里士多德在美的问题上，基本上遵循的当时希腊朴素的唯物主义观点。

三、"整一性"是艺术作品的标志

亚里士多德说："美与不美，艺术作品与现实事物，分别就在于美的东西和艺术作品里，原来零散的因素结合成为统一体。"而"悲剧也是对于一个严肃、完整、有一定长度的行动的模仿……史诗的情节也应像悲剧的情节那样，按照戏剧的原则安排，环绕着一个整一的行动，有头、有身、有尾，这样它才能像一个完整

5

的活东西，给我们一种它特别能给的快感……"

如果说柏拉图是从抽象世界来探索美的本质的话，那么亚里士多德对美的探讨则采取了现实世界与抽象世界相结合的视角。

康德：美是无目的的合目的性

康德美学是从人的心灵能力出发来进行美的讨论的，其要解决的是审美是必然性还是普遍性的问题。

在康德的面前有两个世界：现象界和物自体。康德认为人的心灵分为认识、感情和愿望三个部分，也就是知、情、意三个部分。相对于这三个部分，人有三种认识能力：理解力、判断力和理性。理解力对现象界进行整理和认识，理性是在道德上对物自体的信仰。"判断力"则是座桥梁，把现象界和物自体、把自然的必然和道德的自由沟通起来。判断力是人的心灵所具备的一种认识能力。先有一般，然后去找个别，这是规定判断。科学的判断就是如此。先有个别，再去找一般，这是反省判断。反省判断是对个别事物表示主观态度的一种判断，它与情感是结合在一起的。康德把这种发省判断称为审美判断。

审美判断是知性与想象力的一种和谐合作。康德在他著名的《判断力批判》中，提出了鉴赏判断的四个"契机"（Moment）：愉悦感的"无利害性"、"非"概念性的普遍性、"无"目的的合目的性和共通感的必然性即"非"客观。

1. 审美判断的质（Quality）的规定

首先区分审美的判断力与规定的判断力，认为审美判断不是从概念出发，因而不是知识判断。审美判断主要与情感相关，属于主观性的。审美判断的根据只是主观的、愉快的情感。

（1）美感与快适。很多主观的快感是与欲望的满足相关的，即有利害关系。这种利害关系系于感官对象的实存，能在感觉里使感官满意，也叫快适。这种快适不是美感，而是一种生理上满足的感觉，动物也具备。审美愉悦不是一种感官的快感，它与欲望的满足没有关系，不涉及利害关系。美感只关注对象的形式，而对对象的内容不关注。

（2）美感与善。善也是与利害关系相联系的。善在根本上与道德活动相关。善也会产生一种快感。但是，这不是美感。快适与善都与它们的对象有利害关系。审美判断的特点是无利害感，这是审美判断的质的规定。

因此，从第一个契机总结出来的对美的说明就是："鉴赏是凭借完全无利害观念的快感和不快感对某一对象或其表现方法的一种判断力。"

2. 审美判断的量（Quantity）的规定

"量"的范畴涉及普遍性（全体性）。知识，客观、普遍、有效；审美，主观、普遍、有效。审美判断的普遍有效性与"无利害关系"相关。鉴赏判断与愉悦的普遍性的关系只能是主观的普遍有效性。

因此，从第二个契机总结出来对美的说明就是："美是不凭借概念而普遍令人愉快的。"

3. 关系（Relation）范畴

"关系"的范畴涉及因果性。审美判断的根据是一种合目的性的形式，美是一个对象的合目的性的形式。并非所有合目的性的判断都是审美判断。概念的合目的性是认识，伦理行为的合目的性是目的、意图，审美的合目的性是愉快。审美鉴赏没有一个客观目的的表象，不涉及对象的关于性质的概念和内在的或外在的可能性。审美快感也有因果性，因而有根据。主观的合目的性就是鉴赏判断的先验根据。

因此，审美判断的第三个契机说明："美是一个对象的无目的合目的性的形式（主观的合目性形式），在它不具有一个目的的表象而在对象身上被知觉时。"

这种主观的合目的性的因果关系不是一种感官的刺激。康德把鉴赏判断分为两类：一类是不纯粹的，有刺激的；一类是纯粹的。

4. 样式或模态（Modality）范畴

"样式"（模态）的范畴涉及必然性与偶然性。

审美判断具有一种必然性，每个人必须同意我的判断。这种必然性不是知识的（客观）必然性，也不是一个实践的（绝对命令）必然性，更不是一个从经验的普遍性里推出来的必然性。这种必然性是主观的，但又不是私人的，是建立在一种"共通感"（Common Sense）的基础之上的。审美判断的第四个契机说明："美是不依赖概念而被当做一种必然的、愉快的对象。"

> **黑格尔：美是理念的感性显现**

黑格尔是德国古典唯心主义的集大成者，他的《美学》是其美学思想表达得最集中、最全面的一部著作。

黑格尔全部美学的基础是关于美的学说。黑格尔认为："美就是理念，所以从一方面看，美与真是一回事。这就是说，美本身必须是真的。但从另一方面看，说得更严格一点，真与美却是有分别的。说理念是真的，就是说它作为理念，是符合它的自在本质与普遍性的，而且是作为符合自在本质与普遍性的东西来思考的。所以，作为思考对象的不是理念的感性的外在存在，而是这种外在存在里面的普遍性的理念。但是，这种理念也要在外在世界中实现存在。真，就是说它是真的，也是存在的。当真在它的这种外在存在直接呈现于意识，而且它的概念是直接和它的外在现象处于统一时，理念就不仅是真的，而且是美的了。美因此可以下这样的定义：美就是理念的感性显现。"

黑格尔坚决反对把美和艺术看做无内容的形式主义和主观主义的观点，反对把美和艺术看做无关人生目的的奢侈和游戏。而且，黑格尔认为理念是客观的，它是客观地存在于现象之中的，是可以认识的。他批评说："许多人都认为美，正因为是美，是不可能用概念来理解的，所以对于思考是一个不可理解的对象……其实这话是不对的，只有真实的东西才是可理解的，因为真实是以绝对概念即理念为基础的。美只是真实的一种表现方式，所以只要能形成概念的思考，真正有概念的威力武装着，它就可以彻底理解美。"黑格尔关于美的定义的第一个方面的基本思想就是美是真的。

黑格尔非常重视美和艺术的感性特点，他说："美的生命在于显现"，"美只能在形象中见出"，"然而，美和艺术的显现是一种特殊形式的显现"，它只取客观事物的外形，但并不就是客观存在的物质。因此，美和艺术既不是纯粹的观念型的思想，也不是直接的感性事物，而是介乎二者之间，它比自然的感性事物更高、更纯粹、更真实。美和艺术固然要诉诸人的感官，但又基本上是诉诸心灵的。由此可见，黑格尔关于美的定义的第二方面的基本思想，就是美作为理念必须显现为感官形式，使感性事物提升到心灵的高度。

黑格尔认为，美与艺术的理性内容和感性形式还必须结合为彼此相互融贯、完全融合的统一整体。他反复强调，这个统一体并不是对立面的中和。在其中，理念居于统治地位，是内容决定形式。也就是说，这是理念自己把自己显现为感性存在，也就是自否定、自确定。理念是普遍的、一般的，如果它不显现为具体的感性存在，就仍是抽象的。显现的结果就是它否定了这种抽象性，转化为个性的、特殊的感性存在，同时又否定了这感性存在的抽象的特殊性，使之心灵化，与理念融合成一体，最终达到二者的辩证统一。因此，这个统一体虽然包含感性存在，其实是理念自己和自己发生关系，仍然是精神性的。黑格尔关于美的定义的第三方面的基本思想，就是肯定这个精神性的统一体是一个独立存在的、无限的、自由的整体。

将美看做理念或理念的显现，是黑格尔在批判地吸收柏拉图、康德、席勒和歌德等人有关思想，并在他的辩证唯心主义哲学的基础上加以发展的结果。他的功绩在于克服了前人思想的片面性，对美的本质问题进行了深刻而辩证的理解。因此，这个定义可以说是对此前西方美学关于美的学说的一个总结。

马克思的实践美学观

马克思虽然没有写过专门的美学著作，更没有创建一个严密、完整的美学体系，但在他的思想体系中，依然包含着丰富的美学思想，包括对审美问题的精辟见解。

马克思通过把经济学与哲学相结合进行研究，把审美问题放到社会发展的总体层面上去理解，为美学的研究提供了宏观的前提和背景。他对社会历史的分析，为美学提供了一个宏观的视野。他通过实践，对人的起源和社会历史起源进行了阐释，在对审美活动和艺术的历史起源问题方面给我们以极大的启示。

马克思认为生存是审美的前提，艺术生产归根到底要受物质生产方式的制约。他在《巴黎手稿》中说："忧心忡忡的、贫穷的人对最美丽的景色都没有什么感觉。"

人的实践活动（劳动）与动物的"生产"有本质的区别。"动物只是按照它所属的那个种的尺度和需要来构造，而人则懂得按照任何物种的尺度来进行生产，并且懂得处处把内在的尺度运用于对象；因此，人也按照美的规律来构造。"美的规律就是人自由自觉的活动。

美是人的本质力量的对象化，美依赖于人类实践。未经改造的自然，则因人在想象中和意念中体现着人的本质，而通过特定的眼光或思维方式使其具有象征意义；伴随着情感的创造精神则体现了人的本质力量。因此，马克思所强调的客观性，主要是指感性的、现实的、对象化的。马克思同时将自然万物与人的关系分为物质关系和精神关系，把自然万物也作为艺术的对象和精神食粮。"宗教、家庭、国家、法、道德、科学、艺术等等，都不过是生产的一些特殊的方式，并且受生产的普遍规律的支配。"

马克思还强调感官和人的活动的社会性，认为感官是历史的产物。他在《巴黎手稿》中说："对没有音乐感的耳朵来说，最美的音乐毫无意义"，"只是由于人的本质客观地展开的丰富性，主体的、人的感性的丰富性，如有音乐的耳朵、能感受形式美的眼睛。总之，那些能成为人的感受的感觉，即确证自己是人的本质力量的感觉，才一部分发展起来、一部分产生出来"。确定音乐感等审美感受能力是人的本质力量的确证，是艺术和美存在的条件。恩格斯在《自然辩证法》中也说："鹰比人看得远得多，但是人的眼睛识别东西却远胜于鹰。"其中虽然有识别的精细等自然能力的差异，而人的眼睛则更具有社会形态。人的社会性的特定素质，也是审美享受的前提基础。

11

第二节 我国学者视野中的美

古代的"意象"之学

"意象"或"意境"是中国古典美学最基本的审美范畴。

"意象"之述始见于《易传》，其曰："圣人有以见天下之赜，而拟诸其形容，象其物宜，是故谓之象。"这是"观物取象"之意。又云："子曰：'书不尽言，言不尽意。'然则圣人之意，其不可见乎？子曰：'圣人立象以尽意'。"由此，又提出了"言不尽意""立象以尽意"的思想。综其要点有二：一是认为书（文字）不能尽言，言不能尽意，而象可以尽意；二是暗示了形象思维——"象"式思维优于概念思维。实际上《易传》确立了"以象明意"、偏重"意象"的传统审美思路。

魏王弼继承了《易传》的思想，提出了"得意忘象"与"得象忘言"的观点，将"意象"理论提升到一个新高度。王弼论曰：

夫象者，出意者也。言者，明象者也。尽意莫若象，尽象莫若言。言生于象，故可寻言以观象；象生于意，故可寻象以观意。意以象尽，象以言著。

…………

故言者所以明象，得象而忘言。象者所以存意，得意在忘象。犹蹄者所以在兔，得兔而忘蹄；筌者所以在鱼，得鱼而忘筌也。然则言者，象之蹄也；象者，意之筌也。是故存言者，非得象者也；存象者，非得意者也。象生于意而存象焉，则所存者乃非其象也。言生于象而存言焉，则所存者乃非其言也。然则忘象者，乃得意者也；忘言者，乃得象者也。得意在忘象，得象在忘言。

王弼认为，要"忘象"才能"得意"，要"忘言"才能"得象"。王弼偏重"意"而轻"言"。"象"这种思维方式使中国古典美学更加具有飘逸、玄幽的独特审美形态。

刘勰在《文心雕龙·神思》篇中论"陶钧文思"时有述："……然后使玄解之宰，寻声律而定墨；独照之匠，窥意象而运斤；此盖驭文之首术，谋篇之大端。"此以"窥""意象"为"驭文之首术，谋篇之大端"，强调了"意象"在审美之"神思"中的作用。

至唐代，"意象"一词实际上已成审美活动之本体性范畴。司空图在《二十四诗品》中有"意象欲生，造化已奇"之说。

至明、清时，"意象"更为完备，而其中对"意"之发挥更是达到了极致。王夫之、王国维等学者对"意象"皆有深入研究。

王国维总结性地论述了"意境""境界"范畴。

我国 20 世纪 50 年代中期到 60 年代前期对美的本质问题进行了一次大讨论。这次美学讨论历时近 10 年，参加者近百人，发表文章 300 余篇。讨论始于对朱光潜唯心主义美学观的批判。大家围绕美的本质问题，形成了以下四种观点。

1．主观论

其代表人物是吕荧和高尔太。吕荧在 1953 年出版的《美学书怀》中就提出了"美是观念"的论点。他认为，同是一个东西，有人以为美，有人以为不美。同一个人对美的看法前后也有变化，这是因为美是物在人的主观中的反映，是一种观念。在这次讨论中，他又提出"美是人的社会意识"的观点。他认为，美的观念作为社会意识是由社会存在决定的，因此，他否认自己的观点是主观论。高尔太的"主观论"比吕荧更明确、彻底。他在《论美》一文中认为客观的美并不存在，美，只要人感受到它，它就存在；不被感受到，它就不存在。自然给予蛤蟆的，比之给予黄莺和蝴蝶的，并不缺少什么，但蛤蟆没有黄莺和蝴蝶所具有的那种所谓的"美"，原因只有一个，即人觉得它是不美的。这就充分显示了美的主观性。因此，他断言，美就是人的主观感受。他的这一观点遭到了许多人的批评，响应者极少。

2．客观论

此观点的代表人物是蔡仪。蔡仪在 20 世纪 40 年代出版的《新美学》中就提出了"美是客观的"和"美是典型"的理论。他认为，美在于客观事物本身，而不在于人的意识的作用，美的本质就是事物的典型性。美的东西就是典型的东西。他指出，物的形

13

象是不依赖于赏者而存在的，物的形象的美也是不依赖于鉴赏者而存在的。客观事物的美不取决于观赏者的看法，而取决于客观事物本身的实质，即事物的典型性。在他看来，任何客观事物，一方面当做个别事物而存在，另一方面又当做种类的显示而存在，是个别的东西和种类的东西的统一。美的事物是在个别性中充分地体现着种类的一般性。他认为，正因为美在事物本身，所以美不是社会基础的反映，不随着它所反映的基础的消灭而消灭。因此，许多古人认为美的事物，今人也认为美。

3. 主客观统一论

此观点的代表人物是朱光潜。他首先区分了"物"与"物的形象"，认为"物的形象"一方面不能脱离"物"而独立存在；另一方面它是物在人的主观条件（意识形态和情趣）的影响下，反映于人的意识的结果，是第二性的。因此，"物的形象"既有客观性，又有主观性；既有自然性，又有社会性。美感的对象是"物的形象"而不是"物"本身，所以物的形象的美也是主客观的统一。他将美定义为：客观方面某些事物的性质和形状适合主观方面的意识形态，可以交融在一起而成为一个完整形象的那种特质。他认为，既有主观性又有客观性的"物的形象"就是"艺术形象"。所以，只有艺术才有美，美是艺术的特性。他强调，艺术是一种社会意识形态，因此，美也带有意识形态性和阶级性。

后来，朱光潜试图用马克思的实践观点来解释他的主客观统一说。他指出，根据马克思的实践观点，美不是孤立物的静止面的一种属性，而是人在生产实践中改变世界从而改变自己的一种结果。因此，原来的"主客观统一"也相应地被理解为"客观世界和主观能动性统一于实践"。他认为，根据马克思《1844年经济学—哲学手稿》所阐述的观点，劳动创造就是一种艺术创造，而两者的原则是一个，即"自然的人化"或"人的本质力量的对象化"。美感起源于劳动生产中的喜悦,起源于人从自己的产品中看出自己本质力量的那种喜悦。

4. 客观性与社会性统一论

此观点以李泽厚为代表。他强调"美是社会实践的产物",认为就内容来说,美是现实以自由形式对实践的肯定;就形式来说,美又是现实肯定实践的自由形式。这种观点认为,美是客观的,但这种客观性不是指物的自然属性或典型性,而是指物的社会性。他认为,美与善一样,都只能是人类社会的产物,它们只对于人、对于人类社会才有意义。在人类之前,自然界本身无所谓美丑。自然美是社会化的结果,是人的本质的对象化的结果。也就是说,自然对象只有经过人类的社会实践活动,转为人化的自然,只有在自然对象上客观地揭开了人的本质的丰富性的时候,它才成为美的。他认为,应从实践对现实能动作用的探究中,来深刻论证美的客观性与社会性,从主体实践对客观现实的能动关系中来看美的诞生。

关于美的本质问题的讨论,因 20 世纪 60 年代中期爆发的"文化大革命"而中断。综观这一时期对美的本质问题的讨论,各派虽然意见分歧较大,但从不同的角度和程度上,对美的本质进行了揭示。

第二章

美 的 范 畴

　　人的审美对象按其所属的不同领域，可划分为自然美、社会美、科学美、技术美、艺术美五个基本类别；还可以把审美对象按不同的审美特性及其给予人的不同审美感受，划分为优美、崇高、悲剧、滑稽（喜剧）等类别。一般人们把前一种类别称为美的形态，把后一种类别称为美的范畴。区分是相对的，这两种类别都可称为美的形态、美的范畴。美学家、美学著作历来并未对此加以严格区分。

第一节　优　美

优美的感性特征

　　优美是现实世界中一种最普遍的美，是美的一种常态。

　　18 世纪英国著名经验主义哲学家博克曾写过一本名为《论崇高与美两种观念的根源》的美学著作。在这本美学著作中，他以经验的事实为依据，分析了美，即优美的特性。他说："就大体说，美的性质因为只是些通过感官来接受的性质，有下列几种：① 比较小；② 光滑；③ 各部分有变化；④ 这些部分不露棱角，彼此像是融成一片；⑤ 身材娇弱，但不是突出表现空无有力的样子；⑥ 颜色鲜明，但不强烈刺眼；

⑦ 如果有刺眼的颜色，也要配上其他的颜色，在变化中得到冲淡。"

优美在形态上的一个突出特点是和谐。谐之为美，这种关于美的观念，不论是在中国还是在西方，都是十分古老的。在我国先秦时，美学家们就把美与"和"联系起来了。在他们看来，"和"是最高意义上的美，美就存在于和谐之中。如《国语》中就有"乐从和"的一段话，以后《乐记》发挥了这一说法，认为"大乐与天地同和，乐者，天地之和也"。这些说法都认为美的音乐是和谐的。古希腊美学家也有这种说法，如毕达哥拉斯学派认为"音乐是对立因素的和谐统一"。古希腊唯物主义自然哲学家赫拉克利特也指出，互相排斥的东西结合在一起，不同的音调可以造成最美的和谐。他还指出："自然是借助对立的东西形成最初的和谐"，"自然不是借助相同的东西"。

优美的本质特征

优美的本质在于矛盾双方的平衡，主体与对象的和谐统一。

美是人类本质力量的感性呈现，优美体现了人的本质力量与客体在对象世界中的和谐统一，自然界的优美归根到底是以一种间接的途径反映人的本质力量与客体在对象世界中的和谐统一这一特征的。

优美体现出事物发展中对立双方的均衡、谐调，所以具有静态的、柔性的特点。古希腊时期的维纳斯雕像之所以与拉奥孔雕像群具有完全不同格调的美——前者表现静态的特征，而后者体现动的本质特征，具体来说，这是因为前者与周围的环境（水）处于和谐、谐调及静态的关系之中，人的本质力量直接显现于优美的形态与姿态；后者与周围的环境（蛇）处于对立、对抗的动态关系之中，人的本质力量显现为剧烈的动作。而作为艺术形象的前者，显示出优美的格调，而后者则显示出崇高的格调。

第二节　崇　高

崇高作为一个特定的美的范畴，是一种庄严的美、刚劲的美、雄浑的美，与伟大、壮美等概念有着密切的联系。

古罗马时期的郎加纳斯，认为凡是崇高的事物总是使人惊心动魄、其境来自情的奇特的东西，如自然界中的江河大海、火山爆发等。

最早把崇高和美区别开来并加以比较研究的是英国经验派哲学家杨格。他说："崇高的对象在他们的体积方面是巨大的，而美的对象则比较小。"美必须是平滑、光亮的，伟大的东西则是凹凸不平、奔放不羁的。美必须避开直线条，然而又必须缓慢地偏离直线；而伟大的东西则在许多情况下喜欢采用直线条，而当它偏离直线时也往往作强烈的偏离。美必须是朦胧模糊的，而伟大的东西则必须是阴暗朦胧的。美必须是轻巧、娇柔的，而伟大的东西则必须是坚实、笨重的。杨格还认为，美与崇高给人的美的享受也是不同的，前者以快感为基础，而后者则以痛感为基础。

康德认为崇高的特征是无形式（对象形式无规律、无限制、无限大）。他说："它们更多的是在它们的混乱和……极不规则的无秩序和荒芜里，激引起崇高的观念，只要它们同时让我们见到伟大。"康德把崇高分为两种：数学的崇高和力学的崇高。所谓"数学的崇高"，是指从事物的数量着眼，对象在体积和数量上无限大，超过了常人感观所能掌握的限度，如天空、大海、山岳，等等。所谓"力学的崇高"，是指对象具有巨大的力量和威势，引起人们的恐惧和崇敬，如高耸而下垂威胁着人们的断崖、霹雳闪电、火山在爆发等现象。他认为崇高的原因不在物，而在心。他说："如果我们把任何自然现象都称为崇高，则一般是不正确的表达。我们只能这样说，这对象是适合于表达一个在我们记忆里能够具有的崇高性。"因为任何崇高不能含在感性里，而只涉及理性的观念。他说："暴风雨的海洋本不能称崇高，它的景象只是可怕，只有心灵充满众多理念，才使这种直观引起感情自身的崇高。"自然崇高以其巨大的、无比的威力作用于人的想象力，因想象力无从适应而感到恐惧、害怕，因而要求理性观念来战胜和掌握它，从而发现自己是在安全地带，由想象的恐惧痛感转化为对理性的尊严和勇敢的快感。

黑格尔认为："崇高一般是表达无限的企图，而在现象领域里又找不到一个恰好能表达无限的对象。"他认为，崇高的本质就在于有限的感性形式容纳不了无限的理性内容，从而使无限理性突破形式而直接外露。

19

在我国先秦美学思想上，一般都把崇高、壮美称为"大"，这"大"就是伟大、崇高的意思，如孔子用"大"来概括尧舜的功业，把美的形态分为美、大、圣、神四个等级。他指出："充实之为美，充足而又光辉为大，大而化之为圣，圣而不可知之为神。"这四个等级逐一递升，但都属于美，以美为基础。他所说的"大"，一般在程度上和范围上比美更鲜明、广泛、强烈，是一种辉煌壮观的美，相当于西方所说的崇高美。后来，庄子也对美和"大"作了区别。他认为，对于一个统治者来说，他所追求的不应只是有限的事物，应当是无限的事物。他认为，一般所说的美只局限于狭小的范围内，是有限的；而"大"则体现了天地之道，是无限的。庄子把无限美称为"大"或"大美"，实际上他所指的也是一种壮美或崇高美。

崇高的本质特征

崇高美的本质特征在于矛盾双方处于剧烈的冲突中，对象压倒主体，主体又反超对象。

中国古代文化中有"夸父逐日""精卫填海"这样的记载。在这些神话故事中，夸父、精卫的形象是崇高的。其之所以崇高，就是因为他们的精神象征着人类征服和支配自然的伟大力量。

社会生活中的崇高，在主体、客体的冲突之中显示出客体与主体相统一的历史必然性。也就是说，只有在严重的自然斗争中所显示出来的伟大的实践力量，才称得上是社会生活中的崇高。这种崇高在很多情况下是通过悲剧表现出来的。现实和历史中的崇高人物，也往往是悲剧性的人物。车尔尼雪斯基说："悲剧这个概念构成崇高的主要部分。"之所以把悲剧和崇高联系起来，主要是因为悲剧与崇高一样，都反映了社会中严重的矛盾和斗争，体现了人们在斗争中的崇高精神，也因为悲剧能唤起人们类似崇高感的审美感受。

自然界的崇高归根到底是以一种曲折的、间接的途径反映自然对象与人类社会生活的某种特定的联系。自然界的崇高对象，如高山、海洋、雷电、泥石流等，曾经是与人类为敌的东西，是恶魔般可怖的对象，但随着人类实践活动的不断展开，这些对象也就逐渐被人类征服而成为人类服务的对象。正如恩格斯所说："自然界的力量一旦我们认识了它们，理解了它们的运动方向和影响，那么要使它们愈来愈服从我们的意志，并利用它们达到我们的目的，这就完全取决于我们了。它的本性一旦被理解，它就会在联合起来的生产者手中，从魔鬼似的统治者变成顺从的奴仆。这里的区别正像雷电的破坏力同电报机、弧光灯中的电被屈服一样，正像火灾同工人手中使用的火的区别一样。"由此可见，自然物之所以被人类当做崇高的对象来欣赏，就是因为艰险、奇伟的自然对象体现了人类认识、征服、掌握自然的伟大的本质力量。

第三节　悲　剧

<table><tr><td>

什么是悲剧

</td><td>

亚里士多德在他的悲剧理论中提出：第一，"悲剧是对于一个严肃、完整、有一定长度的行动的模仿"。

</td></tr></table>

第二，悲剧有特定的对象、特定的人物。他说："悲剧是对于比一般人好的人的模仿"，"喜剧总是模仿比我们今天的人坏的人，悲剧总是模仿比我们今天的人好的人"。第三，悲剧所引起的对人的恐惧与怜悯之情，在积极方面能起"陶冶"作用。他说："模仿方式是借人物的动作来表达，而不采用叙述法，借以引起怜悯与恐惧来使这种感情得到陶冶"，从而在道德上震撼人心的同时给人以审美享受，提高人的思想境界。

在亚里士多德以后，在悲剧理论方面最值得注意的是黑格尔。他从矛盾冲突出发来研究悲剧，认为悲剧不是个人的偶然的原因造成的，悲剧的根源和基础是两种实体性伦理力量的冲突。冲突双方所代表的伦理力量都是合理的，但同时都有道德上的片面性，每一方又都坚持自己的片面性而损害对方的合理性。在这里，两种善的斗争就必然引起悲剧的冲突。

<table><tr><td>

悲剧的本质

</td><td>

悲剧的本质在于对象消灭了主体，而主体具有正义性或有其合理性。

</td></tr></table>

鲁迅先生说："悲剧就是将人生的有价值的东西撕破给人看。"悲剧是指现实生活或艺术反映中那些作为实践主体的肯定性的社会力量，在具有必然性的社会矛盾和冲突中，遭到不应有、但又不可避免的苦难或毁灭，从而引发悲痛、同情和奋发感受的一种审美形态及其特性。悲剧从两个方面揭示矛盾和冲突：一方面，正面的事物在毁灭中显示其价值，在暂时失败中预示着未来的胜利；另一方面，

21

反面事物在其暂时的胜利中暴露它的虚弱和必然灭亡的命运。悲剧的美学意义就在于通过悲伤、痛苦唤起人们的同情与怜悯之情，启人深思，激励斗志，增强信念，使人们勇敢地为争取胜利而斗争。

悲剧是崇高的集中形态，是一种崇高美。悲剧的崇高特征，是通过社会上新旧力量的矛盾和冲突，显示力量与旧势力的抗争。恩格斯在评论拉萨尔的剧本《济金根》时曾说：悲剧是"历史的必然要求和这个要求的实际上不可能实现的悲剧性的冲突"。悲剧的本质在于客观现实中的矛盾和冲突，这种矛盾和冲突有其客观的历史必然性。在人类历史上，那些体现着历史发展客观规律的社会力量，与反动社会力量所进行的斗争，都是"历史的必然要求"。历史的进步从来都是艰难曲折的。新生力量的代表人物为了推动社会的进步，甚至不惜牺牲自己的生命。但是，在维护传统制度的旧势力面前，新生力量总是显得薄弱，加之对自身认识的不足，在善与恶的殊死较量中，往往是以新生力量的暂时失败而告一段落。悲剧是通过美好事物的毁灭去揭露丑恶的。

喜剧中是通过撕掉"美"的外衣来揭露丑的本质，从而引起人们的笑声；悲剧则是通过美好事物的毁灭去揭露丑恶。在悲剧中，丑恶的事物是作为美好事物的敌对力量。如果说真正的喜剧接近于悲剧的话，那么真正的悲剧则同时预言着旧事物最后喜剧地到来。

悲剧的分类

亚里士多德的《诗学》一书把悲剧分为复杂情节悲剧、性格悲剧（或命运悲剧）、情景悲剧和苦难悲剧等四种类型。

黑格尔在《美学》中提出了三种类型的悲剧，即命运悲剧（古希腊悲剧）、性格悲剧（文艺复兴时期悲剧，尤其是莎士比亚的悲剧）和伦理冲突悲剧（近代悲剧）。叔本华也在《作为意志和表象的世界》中把悲剧分为三种类型，即主人公性格缺陷导致的悲剧、盲目命运导致的悲剧和社会地位相互对立导致的悲剧。

综上所述，悲剧的类型可概括为以下四种：

（1）命运悲剧：神秘力量左右现实人生；

（2）性格悲剧：性格内在矛盾冲突；

（3）社会悲剧：社会不平等、不合理造成人生悲剧，理想与现实的矛盾；

（4）历史悲剧：历史必然性和现实可能性的矛盾和冲突。

第四节 喜 剧

喜剧的特征与本质

亚里士多德在《诗学》中谈到了喜剧的特征。他认为，喜剧模仿"比我们今天的人坏的人"，"所谓'较差'，并非指一般意义上的'坏'，而是指具有丑的一种形式，即可笑性（或滑稽）。可笑的东西是一种对旁人无伤、不至于引起痛感的丑陋或乖讹"。有人写了《喜剧论纲》，套用亚里士多德关于悲剧的定义拟定了喜剧的定义，强调"喜剧是对于一个可笑的、有缺点的、有相当长度的行动的模仿"，其模仿的方式是"人物的动作"，"借引起快感与笑来宣泄这些情感"。

笑是喜剧最主要的特征。那么笑是由什么引起的？

德国哲学家康德认为："笑是一种从紧张的期待突然转化为虚无。"因为他认为在一切引起活泼的撼动人心的大笑里，必然有某种荒谬悖理的东西存在着；德国哲学家黑格尔认为，喜剧性的笑是"感性形式压倒理性内容，从而表现其空虚"。柏格森

23

则强调"笑是处于内在矛盾对立的对象中的机械性压倒生命性的结果"。

喜剧遵循"乖讹原则",即违背常识常态来提出矛盾,创造不协调,引人发笑。如成年人头上戴一顶婴儿帽,一个现代裁缝扮演一个罗马大将去演悲剧,一个猴子穿上一件上衣等。

夸张是喜剧的重要表现形式。但是,夸张要抓住实质,表现要适度,否则就引不起喜剧性美感,反而会流于浅薄,令人生厌。

喜剧的本质为:主体凌驾于无价值的对象之上。鲁迅先生在讲了"悲剧是将人生有价值的东西毁灭给人看"之后,紧接着又说:"喜剧将那无价值的撕破给人看"。喜剧是通过对丑的否定和批判来表达人们对美的理想追求,并体验胜利后主体人格的愉悦与轻松。换言之,悲剧是对美的间接肯定,而喜剧则是对丑的直接否定。

喜剧的分类

按照不同的分类标准,喜剧大致可以分为以下几类:讽刺喜剧与幽默喜剧,欢乐喜剧与正喜剧,荒诞喜剧,闹剧,情景喜剧。

一、讽刺喜剧与幽默喜剧

一般来说,讽刺喜剧以社会生活中的否定事物为对象。喜剧人物通过活动所一心一意追求的目的,或者已是陈腐的、过时的、没有了合理性的东西,或者为达到目的而从事的活动本身就是虚幻的,人物愈积极活动,便愈会加速目的在现实中的落空。失去历史的真实性和现实意义的喜剧活动,便是滑稽的,又称为讽刺。例如,莫里哀的《贵人迷》,嘲笑粗俗的资产阶级暴发户竭力追慕贵族上流社会的生活方式;《伪君子》讽刺那已经丧失任何实在内容的宗教崇拜。又如 H·B·果戈理的《钦差大臣》,锋芒直指沙皇黑暗统治下的官僚体制。而在幽默喜剧中，喜剧人物所追求的目的有其正当性、合理性，甚至其旨趣是高尚的、有积极意义的。但是，他为达到目的而从事的活动本身却与目的背道而驰，他的行动恰恰使他的目的落空。阿里斯托芬流传下来的喜剧，多数属于这类喜剧，如《阿卡奈人》《妇女国》等。著名的喜剧性人物堂·吉诃德以自己的羸弱之体，要替天下铲除不平之事，堂·吉诃德留给世人的印象是可笑而又可敬的。中国古典戏曲中的《李逵负荆》是一部成功的幽默喜剧，而《看钱奴》则是中国现存的第一部讽刺喜剧。

二、欢乐喜剧与正喜剧

强调人的价值、提倡个性解放、反对禁欲主义，这在欧洲文艺复兴时期形成了一股强大的思想潮流。在那个时代，W·莎士比亚创作了一系列喜剧作品，主旨就是表现那自由自在的生命，表现人生的甜美、青春的幸福、无拘无束的享乐。这类作品可称为欢乐喜剧。其代表性作品有《仲夏夜之梦》《第十二夜》《温莎的风流娘儿们》《驯悍记》等。《仲夏夜之梦》中那些阴差阳错的离奇景象构成了梦幻般的氛围，爱神丘比特的箭悄悄射出，中箭的心在爱的神奇力的鼓动下盲目地冲动起来。《第十二夜》中的误会、戏谑、恶作剧，既不伤人又无恶意，人们只是一味地开心取乐，享受着美好的岁月。莎士比亚创造的福斯塔夫，被称为"最完美的喜剧性格"。他已进入暮年却干着荒唐的蠢事；他虽贫穷却很奢侈；他既机智又愚蠢；他把生命用于追求欢乐，自己逍遥自在，并随时教人取乐。这样完美的喜剧性格，只有在那旧的社会关系被打破，而新的社会关系还未来得及建立的时代才会产生。在世界喜剧作品的宝库中，莎士比亚的欢乐喜剧独树一帜，占有特殊的地位。

正喜剧不同于其他喜剧，它的特点在于：从表现生活的否定方面变为表现生活中的肯定方面，笑不再用来针砭人的恶习、缺点、卑下，而主要用来颂赞人的美德、才智、自信。18 世纪意大利戏剧家 C·哥尔多尼的《一仆二主》《女店主》，法国戏剧家 P·de 博马舍的《费加罗的婚姻》，都属于此类。中国元代戏曲作家关汉卿的《救风尘》也可以被列入正喜剧。在这类喜剧作品中，尽管也有戏谑、嘲讽的对象，如《费加罗的婚姻》中贵族初夜权的陋习、贵族老爷的朝三暮四，《救风尘》中的放荡、薄情等，但全剧的主旨在于表现主人公的机智、勇敢，对友谊、爱情的忠贞，对邪恶的憎恨及其斗争。中国戏曲《玉簪记》是正喜剧中较成功的作品。正喜剧与正剧比较接近，如果将剧中的可笑性减弱，正剧的性质便会增强。

三、荒诞喜剧

在现代西方社会中，把人生最深层的苦难与死之最终被扭曲，送进颠倒的喜剧王国，便构成荒诞喜剧，或曰怪诞喜剧。在 F·迪伦马特的《老妇还乡》中，衰老的、肢体不全的贵妇返回故里居伦城，为的是向早年曾将自己遗弃的情人报仇。她以向居伦城捐赠 10 亿镑为代价，要居民违反人道，杀死她过去的情人。伊尔终于成为拜金教祭坛上的牺牲品。S·贝克特的《等待戈多》，可以看做荒诞喜剧的代表作。在光秃如沙漠的舞台上，剧中人物做着一连串无可奈何、莫明其妙的动作，讲着不知所云的话语，在等待着戈多。然而戈多迟迟不来，也不知何时能来，更不知戈多为谁，但他们只能这样等待下去。在这部戏剧作品中，发生在人们心中的悲剧情绪竟化为滑稽的境况，用以隐喻人在现实社会中的尴尬处境。

四、闹　剧

闹剧来源于法文 farce 和拉丁文 farcio，前者意为肉馅，或者意为填馅，又可译为笑剧。它一般属于粗俗喜剧之列，即通过逗乐的举动和蠢笨的戏谑引人发笑，而缺少较深刻的旨趣意蕴。其中的人物只有一个被高度夸张的特点，而没有较丰富的性格和心理分析。这种喜剧形式产生于法国中世纪广为流行的市民戏剧，多由城市手工业者演出。其主旨多为反对宗教的禁欲主义，嘲弄僧侣和显贵人物，赞扬世俗的欢乐。其中最有名的是《巴特兰闹剧》(1486)，主要讲述的是律师巴特兰骗取布商的布匹，并帮助牧童同布商打官司胜诉，最后牧童又摆脱了律师的勒索，并把他教训了一顿。莫里哀的喜剧也包含着某些闹剧的成分。在中国戏剧中，也往往穿插着以插科打诨引人发笑的场面，很能引发普通观众的兴趣。后世往往把那些以插科打诨取胜、充满粗俗的戏谑、人物漫画化、忽视情节的合理性、只追求外在喜剧效果的戏剧作品，称为闹剧。

27

五、情景喜剧

情景喜剧是有规律连续播放的、附有笑声的、以反映相对固定的室内场景中某个特定社群内多个角色间所发生的，带有喜剧性色彩的生活故事的系列短剧。

情景喜剧的空间设置以家庭为主要场景，角色设置多为性格鲜明的城市小人物，叙事方式为实录，营造贴近感。情景喜剧通过调侃语言制造游戏性，增添娱乐性。

第五节　幽　默

"幽默"由英文 humour 一词音译而来的。而英文中的这个词，则来源于拉丁文的 humorr，本义是"体液"。古希腊有一位名叫希波克拉底的医生认为，人的体液比例不同，便会形成人们的不同气质和脾性。"幽默"一词在我国最早出现于屈原的《九章·怀沙》里："煦兮杳杳，孔静幽默。"不过，这里的"幽默"，是"幽静无声"的意思，而现在使用的"幽默"一词属于美学范畴，是指一种令人发笑而有余味的情操。

幽默的本质特征

幽默通过影射、讽喻、双关等修辞手法，在善意的笑声中，揭露生活中的讹谬和不通情理之处。

笑是幽默的外部特征，没有笑就不成其为幽默；但只有"会心的笑""心理的笑"，才与幽默的本质有缘。所谓"会心的笑""心理的笑"，是说幽默总是与智慧和哲理联姻，使人在笑声中明白点什么道理，得到点什么启示。幽默必须意味深长，值得细细回味，甚至以后还会想起，还觉得好笑。

幽默与滑稽不同。滑稽是丑的一种变形，是丑与美的一种颠倒，当丑用美来掩盖时，丑便转化为滑稽；与滑稽相反，幽默是美的一种变形，是美与丑的一种颠倒，美被颠倒扭曲成丑，便是幽默。

幽默与讽刺也不同。讽刺的对象是不能容忍的丑，幽默的对象是可容忍的一般缺陷。对自身缺点的自嘲，也可以构成幽默。讽刺像匕首一样犀利，幽默则被喻为"温柔美丽的姑娘"。

幽默的作用

列宁说："幽默是一种优美的、健康的品质。"所以，有人把幽默看做一个人成熟的一种表现。在紧张的劳作之余，让幽默充当精神上的"按摩师"，生活将更富有乐趣。心理测验证实：幽默感与智商成正比；具有幽默感的人，在日常生活中都有比较好的人缘；而缺乏幽默感的人，会在一定程度上影响交往。拥有幽默感的人即使面对困难也会轻松自如，利用幽默还可以消除工作上的紧张和焦虑；而缺乏幽默感的人，只能默默承受痛苦，甚至难以解脱。在挪威的一个研究显示：拥有幽默感的成年人比缺少生活乐趣者更长寿，极具幽默感的癌症患者比起缺乏幽默感患者，死亡率低 70%。

怎样培养幽默感

一个具有幽默感的人，会时时发掘事情有趣的一面，会欣赏生活中轻松的一面。幽默是一种艺术、一种才华、一种力量、一种魅力。懂得幽默的人在使自己轻松的同时，也给别人带来了快乐。那么，如何来培养我们的幽默感呢？

1. 深入体验生活

华君武先生有一幅《决心》。这是一幅四联画：决心戒烟，把烟嘴从楼上扔下去；立即反悔奔下楼去；刚好把扔下的烟嘴接住。戒烟"决心"瓦解，比自由落体还快！没有对"瘾君子"的深刻体验，是难以达到这种夸张效果的。当然，这幅漫画虽是自嘲，却也并非仅仅指向戒烟。但是，华先生创作这幅漫画的灵感，一定是从很多人（可能包括他本人）多次决心戒烟又无法坚持的体验中获得的。

2. 敏锐的洞察力与大胆的想象力

发挥想象，把两个不同的事物或想法连贯起来，就可能会产生意想不到的效果。幽默具有喜剧的一般特征——错位，常常运用意外的甚至驴唇不对马嘴的移植或组合，从而达到幽默效果。这需要培养敏锐的洞察力与大胆的想象力。

3. 高尚优雅的风度与自信、乐观、轻松的情绪

罗斯福还未当上美国总统之前，家中遭窃，朋友写信安慰他。罗斯福回信说："谢谢你的来信，我现在心中很平静，因为：第一，窃贼只偷去我的财物，并没有伤害我的生命。第二，窃贼只偷走部分的东西，而非全部。第三，最值得庆幸的是：做贼的是他，而不是我。"

有一次，萧伯纳在街上行走，被一个冒失鬼骑车撞倒在地上，幸好并无大碍。肇事者急忙扶起他，连声抱歉。萧伯纳拍拍屁股诙谐地说："你的运气真不好，先生，如果你把我撞死了，就可以名扬四海了。"

幽默要学会开自己的玩笑，趣说自己，把自己看做幽默的对象，风趣地介绍自己的缺点、优点、特有的经历和思想感情等。说自己的缺点是一种自嘲，但这不是自轻自贱，而是一种豁达开朗和返璞归真的人性美的体现。有时，趣说自己也是一种高超的应变技巧。

4. 具有风趣的语言表达能力

说话前先在脑子里打个"弯"，这时说出来的话也许就俏皮得多。说一个人思想很保守，不听劝，如果说"他呀，榆树疙瘩，不开窍"，就显得风趣得多。有口才的人常常不用陈词套话，而是绕弯子用俗语、谚语、外来语，或用比喻、比拟、反语、双关、移用等来表达。美国政治家查尔斯·爱迪生在竞选州长时，不想利用父亲（大发明家爱迪生）的声誉来抬高自己。在作自我介绍时，他这样解释说："我不想让人认为我是在利用爱迪生的名望。我宁愿让你们知道，我只不过是我父亲早期实验的结果之一。"

小笑话的创作技巧

一、矛盾法

矛盾法是一种利用事物或语言的自相矛盾来达到出奇不意的效果的方法。例如：

甲："我昨天买了一本《记忆的诀窍》，真是太好了，我昨晚一口气就把它读完了。"

乙："能否借给我读一读？"

甲："当然可以，咦，我把它搁在哪儿了？"

二、类拟法

由于甲事物与乙事物有相似之处，就以描写乙事物来比拟甲事物，从而产生新奇的效果。例如：

I

小偷偷了一只鸡，正在河边给鸡拔毛，这时一个警察走了过来，小偷急忙把鸡扔到了河里。

警察问："你在干什么？河里是什么东西？"

小偷说："那是一只鸡，它要过河去，我在这里帮它看衣服……"

II

一天，物价局接到面条的举报电话，说包子、饺子、馄饨都开浴池，可包子肆意提价，高额收费。

于是，物价局找到包子调查情况，包子委屈地说："我冤枉啊！饺子、馄饨开的都是浴池，可我这儿是蒸气桑拿啊！"

三、类推法

类推法即通过类推的方法来达到幽默效果的方法。例如：

I

一位眼科医生成功地治好了一个著名的超现实派画家的眼病。收费的时侯，医生说可以不收钱，但希望画家为他画一幅画，内容由画家自己选择。

画家很感激医生为他治好眼病，于是他画了一个硕大无比的眼睛，每个细节都精细入微，并且在瞳孔的正中央为医生画了个完美的肖像。

眼科医生看到这幅画，一下子被画家过人的艺术表现力所震撼了。他惊讶地张大了嘴，半晌才说："谢天谢地，幸亏我不是肛门科医生。"

II

父亲："你负责教好你弟弟。"
儿子："如果他不听我的话呢？"
父亲："那就证明你无能。"
儿子："如果不听你的话呢？"
父亲："那就证明……"

III

爸爸新买了条裤子给晶晶，谁知刚一下水就缩得穿不下了。
妈妈生气地骂着爸爸。

实用美学

晶晶却说："妈妈，你给我洗个澡也缩小点不就行了吗？"

四、误会法

误会法是幽默情节交叉技巧手段最典型的表现形式，即把幽默的情节冲突建立在误会之上，构成幽默作品中人物的思维逻辑和观赏者的思维逻辑在同一事物认识上的矛盾、对立和不谐调。

"误会"要善于发现事物的非常规条件。例如：

"你知道华盛顿砍倒樱桃树时为什么他爸爸没怪他吗？"
"哈哈，因为华盛顿手中还拿着斧头！"

五、层进法

层进法即通过层层推进情节来达到幽默效果的方法。例如：
甲：对不起，我的鸡没圈好，跑出来弄坏了你种的菜。
乙：没关系，我的狗已经把你的鸡吃了。
甲：噢！怪不得我从狗的肚子里发现了鸡骨头。
乙：……

六、愚人法

愚人法即由于愚笨或其他缺陷而造成的幽默效果的方法。例如：

倾盆大雨后，一个阿伯赶着鸭子。一个开着"BMW"车的人问说："积水不深吧？"

阿伯:"放心啦……车过得去啦……"

不久,车泡在水里了……

那人大骂:"不是过得去吗?"

阿伯:"哇,那……刚刚水只到鸭子的屁股丫……"

Ⅱ

一个青年冲下码头,一个箭步跳上了离岸三尺的渡船,说总算赶上了这班船!

旁边的人笑着说:"我们的船正在靠岸呢!"

七、反刺法

反刺法即被笑者对笑者反戈一击的方法。例如:

老张作报告,他谦虚地说:"同志们,我水平低,讲话零零碎碎,像羊拉屎。"

下面听众顿时哄堂大笑,他接着又说:"不合大家的胃口,请多多包涵。"

下面听众一听,个个瞠目结舌。

八、坦诚法

坦诚法即由一方的愚笨似的坦诚置另一方于尴尬境地的方法。例如:

Ⅰ

女顾客走进照相馆,问营业员:"我的照片可以放大吗?"

营业员接过底片,说:"可以。要放大多少?"

"别的不要,光眼睛放大一倍就行了。"

‖

顾客："你们卖的酒怎么没有酒味啊？"

服务员接过一闻："啊，真对不起，忘记给您掺酒了。"

九、口误法

口误法即由于口语习惯在特定情景产生错误而造成新奇的效果的方法。例如：

Ⅰ

曾经有一段时间家里闹耗子，我妈就买了耗子药来维护家庭安宁，但是一个耗子都没药到。

一天大老早的，我妈起床看了看门旮旯里的耗子药，自语："这药怎么没有人吃啊？"

全家晕倒……

‖

小时候，爸爸看我写作文。有个很简单的字写错了，爸爸笑着跟我妈说："我发现你的儿子很笨。"

我急了，大声跟我爸说："你的儿子才笨!"

十、语义双关法

语义双关法即利用词语的多义性（本义和转义），使语句所表达的内容出现两种不同的解释，从而产生幽默的效果。

Ⅰ

一只母老鼠带着几只小老鼠在草地里漫步。突然，来了一只猫，小老鼠吓得全都躲了起来，只有母老鼠沉着冷静，没有躲开。眼看猫越走越近，小老鼠们非常害怕。就在这时，母老鼠学了一声狗叫，猫不知其中有诈，掉头跑了。等猫跑远了，小老鼠一个个胆战心惊地走出来，望着它们的妈妈。等所有的小老鼠都到齐了，母老鼠才语重心长地教导小老鼠："孩子们，掌握一门外语是多么的重要啊！"

‖

夏天活捉到蚊子该怎么办呢？

1．当然要抚养他；

2．送他上学；

3．给他买房子；

4．帮他娶媳妇；

5．给他看孩子。

不然，你还能怎么办呢？

毕竟它身上流的是你的血啊！

十一、文不对题法

文不对题法即利用上下文的联系，巧妙地把适用于叙述一事物的词语用来叙述另一事物。例如：

一对夫妻闹离婚，找到"革委会"主任处。

妻子咬着牙说："下定决心，坚决离婚。"

丈夫接着说："排除万难，将就两年。"

主任最后表示："抓革命，促生产，你俩的闲事我不管。"

第六节　忧　郁

"许多年过去了，曾经逗我们那样欢笑、自己也如此欢笑过的朋友们都逝去了。"（诺安《笑的历史》）

　　我们在阅读中同这些既熟悉又陌生的声音不期而遇时，便会发现那种莫可名状的体验仍在身旁。忧郁意识从未、也不会彻底离我们而去，如何对"忧郁"与美的关系进行真正深入的研究，仍是现代美学研究所必须面对的一个问题。

忧郁与人生

　　首先，由自我意识渴望永恒与个体生命难以持久的冲突所引起的"存在之哀"，是人类最为基本的生命体验之一。拉马丁在其《巴亚湾》一诗里也感叹："什么都变化，什么都过去/同样地我们也会过去/也不留下半点痕迹/就像我们这只小船滑行在海上/大海会把它的一切痕迹抹去。"布德尔说："作为一个人，无论你是谁，你的生命存在都是稍纵即逝的。为了这短暂的存在，你终日都在疲于奔命，在你周围大自然的一切都在摇摆动荡、更迭替变。宇宙间的万物都在进行着令人眼花缭乱的旋转。相比之下，你的一生充其量不过是刮过的一阵旋风而已。"雅斯贝尔斯说："生命会腐朽。意识到这件事本身就是悲剧：每一次毁灭及导致毁灭的痛苦都来自一个统摄的基本实在。"著名波兰人文学者柯拉柯夫斯基也曾提出："死即一切。人类个体不可避免地消亡，在我们看来是生存的终极失败。"由此而言，生命意识同样也是一种死亡意识，也即对生命的短暂性的悲伤，以及由此而来的种种人生体验。

　　英国散文家赫兹列曾对此作过一番很好的表达，他说：

　　我们阅读历史，眼前王朝倾覆、朝代更送；我们感叹世事沧桑，往事如烟；我们思索着我们所生活的此时此地，我们既是人生舞台的看客，又是演员；眼见四季更送，春去秋来，寒来暑往；我们亲历世态炎凉，快乐悲伤，美丽丑陋，是非短长；我们感受着大自然的风风雨雨，体念着这光怪陆离的世界的离合悲欢；我们倾听着密林中野鸽的吟唱，游览高山大谷的风光；

我们聆听子夜的神圣歌声，造访灯火通明的厅室或幽暗的教室；我们还置身拥挤的剧院，观看生活本身受到模仿；我们钻研艺术作品，使自己的美感升华到顶峰；我们崇拜名誉，梦想不朽；我们眺望梵蒂冈，阅读莎士比亚；我们凝聚了古人的智慧思索着未来的时光；我们观看战争的骄子，听他们发出胜利的呼喊；我们穷究历史，考察人心的动向；我们追求真理，为人道的事业辩护；我们傲视当世，似乎时间与自然已把所有的财富都堆在我们脚前。我们活着，经历着这一切，但是转眼之间，我们变得一无所有。

我们一方面要颂扬生命的崇高，但我们另一方面不得不正视生命的短暂。生命的短暂之感就是一种忧郁意识。

其次，正邪斗争是永恒的，正气总会压倒邪气，这便给了人生存的勇气。但邪气的存在有时又不免会给人带来忧郁之情。恶的存在无从解释，它只能被看做宇宙秩序中不可缺少的一部分。康德说过："当我们看到人类在世界的大舞台上表现出来的所作所为时，我们就无法抑制自己的某种厌恶之情；而且，尽管在个别人的身上随处都闪烁着智慧。可是我们却发现，就其全体而论，一切归根到底都是由愚蠢、幼稚的虚荣甚至还往往是由幼稚的罪恶和毁灭欲所交织而成的。"毛姆也说："只要人是人，他就必须准备面对他所能忍受的一切邪恶和祸患，无视它是幼稚的，悲叹也是徒然。"

美国学者麦克唐纳从现代经济活动里归纳出："在文化流通中和货币一样，似乎也存在着格雷欣法则：低劣的东西驱逐了优秀的东西，因为前者更容易被理解和令人愉悦"，"在自然界中，优胜的总是粗糙的生物组织。粗鄙的感情、肤浅的思想总是无往不利。一切纤巧的东西都以毁灭而告终"。马尔库塞一言以蔽之："假如艺术要承诺善最终必将战胜恶，那么，这个诺言就会被历史的真理所驳回”，因为事实上，“现实中的胜利者是恶，并且，善良不过是人们可能在那里找到短暂避难所的孤岛”。

忧郁意识是一种更为成熟的生命体验，它有崇高的大气，有悲剧的怜悯，有优美的调子，又有自身的孱弱和迷茫。所以有人说，忧郁是一种高贵的气质。

忧郁与艺术

在某种意义上，艺术之道也就在于如何将忧郁体验成功地转化成审美的形式。事实表明，忧郁美向来是那些不同凡响之作的共同特征。俄国文学家契诃夫曾表示：“我的忧伤是一个人在观察真正的美的时候所产生的一种特殊的感觉。”有“幽默大师”之誉的俄国作家左琴科写道：“我一回想起我的青年时代就感到惊讶，我那时怎么会那么忧伤。一切到了我手里就黯然失色，忧郁寸步不离地跟踪着我。自当了作家之后我的生活发生了巨变，然而忧郁却一如既往。不仅如此，它光顾我的次数越来越频繁了。”“创造行为”是一种“包含着幸福与痛苦的混合物”。他在一篇散文里说：“为了让你懂得它，朋友，在一个阴郁的季节即将来临的时候，我将对你解说水的哀愁。”在现代雕塑大师布德尔的身上，这种似乎是没来由的忧郁感更为强烈，他曾直率地承认：“我感到徐徐吹来的微风，弥漫着温柔和忧郁的情感”，而在这微风中，“美在弥漫飘逸，美在拓展扩散，美也在忧伤惆怅”。据说历史上最后一位行吟诗人于 1294 年在西班牙的阿方索王宫去世，他留下的临终之言是：“诗歌应该表现欢乐，但我在内心的忧郁压抑下唱不起来了。”

忧郁意识曾经是人类诗性文化的源头，是造就艺术伟人的精神养分之一。比如，中国古代首部诗集《诗经》，在某种意义上正是忧郁意识构成了这部诗集的美学特色，所谓“心之忧矣，我歌且谣”。比如，《诗经·王风》里的“黍离”：“彼黍离离/彼稷之苗/行迈靡靡/中心摇摇/知我者/谓我心忧/不知我者/谓我何求/悠悠苍天／此何人哉？"诗中流露的那种鲜明的忧郁意识在我国的诗性文化中开了"忧郁美"的风气之先。

日本作家川端康成小说的魅力在于"忧郁美"。他的作品中有一缕缕氤氲首尾的凄凉，构成了含蓄的悲剧美。读着那些优美的文字，品味其所反复表现的美的毁灭故事，你会明白艺术在其最基本的层次上就是对逝水流年的一种追忆。沈从文的小说艺术成就显然也得益于对"忧郁美"的表现。以《边城》为代表的沈从文作品之所以能在现代中国小说史上脱颖而出，原因就在于这些作品将作者早有认识的"美丽总是愁人的"这一道理，进行了十分成功的表现。著名电影明星格丽泰·嘉宝的魅力同样能够说明问题。曾几何时，这位来自瑞典的女性技压群芳，成为那个时代最伟大的影视名星。嘉宝的演技虽不错，但"她的名望却是靠她的美貌取得的"。然而，正像作为电影美学开创者的匈牙利学者巴拉兹所说，只有美貌不可能对世界上成千上万的人都产生这样大的影响，世界上有许多绝色佳人，嘉宝自身的条件并不能使她登上这样一个绝顶的位置。在他看来，"嘉宝的美不只是一种线条的匀称，不只是一种装饰性的美。她的美还包含一种非常明确地表现了她的内心状态的外形美，这种美表现了某种特殊的、足以攫取人类心灵的东西"。这究竟是什么东西？忧郁！巴拉兹指出："嘉宝是忧伤的。她不只是在某种情况下为了某种原因才愁容满面。嘉宝的美是受难的美，这种忧伤的性质是很明确的：这是孤寂的忧伤，这是一个不苟言笑的贞女内心的高贵的忧伤。即使在她扮演水性杨花的女人时也是如此：她从远处投来忧郁的目光，注视着无尽的远方。"所以，人们之所以如此这般地赞颂嘉宝的美，只是因为"她所有的是美中之冠"；虽然世上美人无数，但"在我们的感觉里，嘉宝的美是一种更优雅、更高贵的美，这恰恰是因为它带有忧伤和孤独的痕迹"。

40

第三章

建筑美学

第一节 建筑美的要素

建筑具有技术的特性，同时也有美的要求。墨子说："居必常安，而后求乐。""常安"，是对建筑实用功能的要求，要求它坚固耐用；而"求乐"，则要求建筑能满足人们的审美需求。建筑能给人们以美的感受，建筑与人们内心深处存在的衡量美的标准相符合时，就会引起人们的共鸣，从而成为人们公认的美的建筑。

建筑美学是建立在建筑学和美学的基础上，研究建筑领域里的美和审美问题的一门新兴学科。建筑美学最主要涉及的问题是：什么样的建筑才是美的？各个时代或建筑派别对于建筑美有不同的看法。早在古罗马恺撒时期，著名建筑学家维特卢威从美学的角度来观察建筑，审视其中的美学意蕴，总结其中的美学规律，谈了大量建筑美学方面的见解。可以说他是一位古代建筑史上少有的建筑美学家。英国美学家罗杰斯·思克拉顿可看成是建筑美学的创始人，他从审美的角度解读了建筑所具有的特征，如实用性、技术性、公共性等基本特征。20世纪50年代，托伯特·哈姆林在《20世纪建筑的功能与形式》第二卷《构图原理》中详细论述了"统一、均衡、比例、尺度、韵律与秩序"五大构图原则,强调了建筑的各个部分应保持整体性和简洁性,反对人为地把外观搞得错综复杂。此外,包豪斯则重视空间设计,强调功能与结构效能,把建筑美学同建筑的目的性、材料性能、经济性与建造的精美直接联系起来。1966 年,美国建筑师文丘里在《建筑的复杂性和矛盾性》一书中提出了一套与现代主义建筑针锋相对的建筑理论和主张,主要是从符号学的角度来探讨建筑的美和审美问题。

建筑美的规律主要体现在各种美学元素中,概括起来大致有:主题、重点、比例、尺度、韵律、和谐、对比、衬托、对称、均衡、隐喻、虚实、质感,等等。这些抽象的美学元素如果使用得当,就有可能创造出令人欣赏的优美建筑。

比 例

所谓比例,简单地说就是物体的每一个部分或构件与整体之间,存在一种数字关系,而且每一个部分也与其他部分存在一种数字关系。维特卢将美视为数以及数的关系的和谐系统来看待,认为建筑的美来自于对称,在于各个部位的和谐统一。希腊人则详细观察和分析了他们觉得美的物体之间的比例和数字关系,这一主张影响了整个西方建筑的发展,直至今天。

此外,维特卢威十分重视建筑与人的关系,提出了建筑的比例应该以人体的比例为依据的主张。由于在古希腊人的观念中,人体可作为万物的度量,因此建筑物的美感来自于建筑物符合人体比例关系与和谐的秩序。这种建筑美学意识超出了对建筑物价值的关注,从而使其具有人性层面上的意义。例如,多利克式的建筑因具有男性的比例而具有阳刚之美,爱奥尼亚式的建筑因具有女性的比例而具有阴柔之美。

尺度与空间感

尺度不是指建筑物或其构成要素的真实尺寸，而是表达一种关系及其给人的感觉。在不同空间范围内，建筑的整体及各构成要素使人产生的感觉，是建筑物的整体或局部给人的大小印象与其真实大小之间的关系问题。比例要追求建筑物本身的和谐关系，而尺度要追求的是建筑物与周围环境的和谐关系。例如，上海南京路两边的高层建筑置于后面，裙房置于前，使两侧的建筑高度与街道的宽度的比例为 1：12，从而形成了良好的购物环境。

空间感是人类普遍具有的，它表现了人们对现实世界中多种多样具体的空间关系的意识。建筑师的重要任务之一，就是要营造空间感。例如，圣索菲亚教堂的巨大空间、哥特教堂高耸的主殿，通过营造一个令人敬畏的空间感，来阐扬神的伟大和人的渺小；而古希腊的雅典卫城，敞开的圆柱式门庭让神的形象进入一个神圣的领域。

43

总之，对于尺度上的把握与空间感的打造，要随着不同的环境、不同的使用功能、不同的使用者而有所差异，绝非固定不变。

平衡、对称

我们通过视觉系统，对物体做一番打量之后，才能有下一个阶段的心灵上的感受。因此，这些美感的要素就是为了满足大部分人的视觉系统。这样的特性反映在建筑美感因素上，就是视觉上的平衡。平衡的形式，一直出现在建筑历史之中，不论是古埃及、古希腊、古罗马以来的建筑，还是我们中国的传统建筑，如故宫建筑群，大多讲究对称的平衡。历代的建筑理论家经常以人体的对称性来类比建筑物应具有的庄严而优雅的对称美。

追求视觉上的平衡，虽然大部分是通过对称的形式来达成的，但有时候就像跷跷板一样，不同重量的两边可以因距支点的距离不同而达到平衡的关系。我们可称这种关系为不对称均衡。例如，柯布西耶在巴黎郊区的萨瓦耶别墅，惊鸿一瞥，具有左右对称的平衡；然而，左上方几个圆柱体却破坏了这样的对称关系，但经过仔细打量后，这个建筑仍然是平衡的，因为左上方的突出物加上左下方的空虚部分，与右上方的虚体，加上右下方的实体比较起来，就维持了一种不对称的平衡美。最后一种视觉的平衡是向心或放射状的平衡，许多欧洲城市都有放射状的空间。这种平衡关系的中央焦点，经常是具有纪念性的地标，如巴黎以凯旋门为中心的放射空间。另外，古今中外的许多圆形建筑物，如赖特的古根汉母美术馆、中国皇帝祭天的天坛，都因为使用了圆形的空间，而达到了向心或放射状的平衡。

重复与韵律

韵律本意是指音响的节奏规律，有时也引申为某些物体运动的均匀的节律。建筑常被誉为"凝固的音乐"，其韵律美主要表现在重复上。这种重复可以体现在单元的相似性、间距的规律性或节奏的合逻辑性上。

希腊神庙便是通过柱子的重复而获得令人满意的韵律。罗马时期重复的连续圆拱，为这种连续而简单的韵律感添加了几近完美的注解。北京的天坛层层叠进、盘旋向上的节奏，正是建筑者巧妙设计营造出来的、用以表达一种"步步登天"意蕴的独特表现。万里长城蜿蜒的律动，按一定距离设置烽火台遥相呼应的节奏，表现出雄壮阔的飞腾之势。捷克首都布拉格最受争议的后现代结构主义建筑之一，房子造型充满曲线韵律，蜿蜒扭转的双塔就像是两个人相拥而舞，因此被称为"跳舞的房子"。后来，建筑师对重复性在建筑中的应用有了更深入的理解。阿尔伯蒂虽然重复使用古典柱子，但将原来的固定不变的间隔关系调整为中央间隔较宽的另一种韵律关系，这是一种在韵律中求变化的做法，也被当代建筑师发扬光大。

统一与变化

在世界建筑史上，凡是较优秀的个体建筑或者组群，往往都以建筑物形象变化的统一而取胜。统一是相对于杂乱无章而言的，而变化则是相对于单调而言的。求得统一的方式有以下三种：

（1）以简单的几何形体求统一（给人以明确统一的感觉）；

（2）主从分明，以陪衬求统一；

（3）以协调求统一，通过构件的形状、尺度、比例、色彩、质感和细部处理取得某种联系而求得统一。

当然，我们并不满足于恒常的统一的原则，我们会同样在统一的重复中寻求些许变化。这种统一中的变化，除了减少单调乏味的可能性外，还经常能引起人们的注意和产生愉悦感。例如，明清故宫建筑的空间组织和立体轮廓达到了统一中有变化，反映了中国古代建筑的艺术成就，成为世界上优秀的建筑群之一。

在美国加州，建筑师寇那与他的同事设计的查普别墅，虽然形体有许多变化，但墙面的颜色以及开窗和入口的比例都有强烈的统一性，因而达到了一种统一与变化的平衡与和谐关系。

45

隐喻与象征

建筑的隐喻是指人通过建筑本身所显示的人的精神或心理、情感态度或某种认知关系。而建筑的象征也是用建筑具体的形象来暗示特定的人物或事理，从而达到表达情感和寓意的目的。

在圣彼得大教堂这座建筑中，宏大的空间中匹配着豪华壮丽的装饰，中心最高处支撑着一个巨大的穹顶，形成中部高度集中的视觉力场，其余一切都环绕在它的周围，隐喻某种强大的力量和炫耀自豪感。哥特式建筑风格则通过高和尖的特征与重复的组织结构，显示出力量、威严、优势。法国朗香教堂，起码也有五种"解读"，朗香教堂的体型隐喻着："一双祈祷的手"；"一艘轮船"；"一只鸭子"；像一个牧师的后侧头影；像两个修女，一高一矮。从这里我们足可窥见建筑的象征与隐喻的多义性，也从另一个方面说明建筑象征与隐喻的魅力。

随着时代的发展，人们关于当代建筑的审美观也在变化。今天，除了上述比例、尺度、对比、均衡等美学元素之外，人们更注重空间的处理和建筑艺术的隐喻效果，并强调主观的审美见解和建筑构图规律的结合，这就使得当今建筑艺术领域里出现了流派纷呈的局面。

第二节　建筑风格及流派

古罗马建筑　古罗马建筑延续了古希腊建筑的风格，在建筑的形式、技术与艺术上使西方古代建筑达到巅峰。此时期具有代表性的建筑包括：

（1）宗教类建筑：罗马万神庙、维纳斯和罗马庙以及巴尔贝克太阳神庙等。

（2）公共建筑：皇宫、剧场角斗场、浴场以及广场和巴西利卡（长方形会堂）等。

（3）居住建筑：内庭式住宅、内庭式与围柱式相结合的住宅等。

此时期的建筑在建筑材料、结构、施工空间的创造方面也均取得了很大的成就。

（1）空间创造。为了谋求宽阔、没有结构阻碍的内部空间，建筑采用了圆拱结构，重视空间的层次与组合，以营造出宏伟的气势。如万神庙直径高达 40 余米，是圆拱结构的代表之作。

（2）材料。除了传统的砖、木和石外，还使用强度高、价格便宜的火山灰混凝土。混凝土表面常用一层方锥形石块或三角形砖保护，再抹一层灰或者贴一层大理石板；也有在混凝土墙体前再砌一道石墙做面层的做法。

此外，罗马人还将古希腊柱式发展为多立克柱式、塔司干柱式和组合柱式等。

在建筑理论方面，以维特鲁威的《建筑十书》为代表，形成了系统的建筑理论。

总之，古罗马辉煌的建筑成就还表现为：罗马人将希腊柱式与罗马拱券技术相结合，使之有机融汇，形成罗马独特的建筑特色。

哥特式建筑

哥特式建筑是以法国为中心发展起来的、在 13～15 世纪流行于欧洲的一种建筑风格。其代表作包括巴黎圣母大教堂、意大利米兰大教堂、德国科隆大教堂、英国威斯敏斯特大教堂。

哥特式建筑在结构语言上主要有四大特点：

（1）尖肋拱顶：拱顶的高度和跨度不再受限制，可以建得又大又高。并且，尖肋拱顶也具有"向上"的视觉暗示。

（2）飞扶壁：把原本实心的、被屋顶遮盖起来的扶壁都露在外面，称为飞扶壁，轻盈美观，高耸峭拔。

（3）花窗玻璃：增加侧廊窗户的面积，造就了教堂内部神秘灿烂的景象，表达了人们向往天国的理想。

（4）十字平面：继承了罗曼式建筑的风格，但扩大了祭坛的面积。

哥特式建筑采用新的结构形式，依照基督教的思想原则，讲究秩序和宁静的意境，这些结构特点创造出一种神圣的感觉，渲染出强烈的宗教气氛。

巴洛克建筑

"巴洛克"一词的原意是奇异古怪，而巴洛克建筑是 17～18 世纪在意大利文艺复兴时期建筑的基础上发展起来的一种建筑和装饰风格。当时的社会追求奢华，因此巴洛克建筑的立面和空间都很有动态感，迎合了当时贵族的口味。其代表作包括圣保罗大教堂、凡尔赛宫。

巴洛克建筑的主要有三个特点：

第一，炫耀财富、追求豪华。它常常将绘画、雕塑和建筑融为一体。大量采用贵重的材料，加工精细，以达到显示其富有与高贵的目的。例如，教皇当局为了向朝圣者炫耀教皇的富有，在罗马城修筑宽阔的大道和宏伟的广场。

第二，充满欢乐的气氛，光影效果强烈。提倡世俗化，反对神话。

第三，标新立异，追求新奇。这是巴洛克建筑风格最显著的特征。突破结构逻辑，组合手法呈现出非理性特点，但效果往往出人意料地提倡世俗化。它突破了传统建筑的构图法则和一般形式，大量采用以椭圆形为基础的 S 形和立面，使建筑形象产生动态感。例如，圣卡罗教堂彻底摒弃了以前建筑惯用的界线严格的几何构图，室内外几乎没有直角，线条全为曲线。

法国古典主义建筑

18 世纪末 19 世纪初，法国是古典复兴建筑活动的中心。当时的建筑家们崇尚古典主义风格，建造了很多古典主义风格的建筑。代表作主要包括罗浮宫东立面、凡尔赛宫、恩瓦立德新教堂和旺道姆广场。

古典主义建筑的哲学基础是唯理论，其主要特点是建筑造型严谨，普遍应用古典柱式，排斥民族和地方色彩，内部装饰丰富多彩。

在古典主义时期，法国建立了欧洲最早的建筑学院（1671 年）以培养建筑师；制定了严格的规范，形成了欧洲建筑的教学体系。

现代主义建筑思潮产生于 19 世纪后期，成熟于 20 世纪 20 年代，在 50～60 年代风行全世界。现代主义建筑是指 20 世纪中叶在西方建筑界居主导地位的一种建筑思想。这种建筑的代表人物主张：建筑师要摆脱传统建筑形式的束缚，大胆创造适应于工业化社会的条件、要求的崭新建筑。因此，这种建筑具有鲜明的理性主义和激进主义的色彩，又称为现代派建筑。

其代表性建筑有包豪斯校舍、萨伏伊别墅、联合国总部大厦、巴西议会大厦等。

现代主义建筑的代表人物提倡新的建筑美学原则。其中包括表现手法和建造手段的统一；建筑形体和内部功能的配合；建筑形象的逻辑性；灵活均衡的非对称构图；简洁的处理手法和纯净的体型。

20 世纪 60 年代以来，在美国和西欧出现了反对或修正现代主义建筑的思潮。1966 年，美国建筑师文丘里在《建筑的复杂性和矛盾性》一书中发起对现代主义建筑哲学的批判。对于现代主义建筑美学提倡的简洁、纯净的原则，他针锋相对地提出新的美学观念："基本要素混杂而不要'纯粹'，折中而不要'干净'，扭曲而不要'直率'，含糊而不要'分明'，既反常又无个性，既恼人又'有趣'，宁要平凡的也不要'造作的'，宁可迁就也不要排斥，宁可过多也不要简单，既要旧的又要创新，宁可不一致和不肯定也不要直接、明确的。我主张杂乱而有活力胜过明显的统一。"文丘里批评现代主义建筑师热衷于革新而忘了自己应是"保持传统的专家"。文丘里提出的保持传统的做法是："利用传统部件和适当引进新的部件组成独特的总体"，"通过非传统的方法组合

49

传统部件"。他主张借鉴民间建筑的手法，特别赞赏美国商业街道上自发形成的建筑环境。文丘里概括说："对艺术家来说，创新可能就意味着从旧的现存的东西中挑挑拣拣。"实际上，这就是后现代主义建筑师的基本创作方法。后现代主义建筑有三个特征：采用装饰；具有象征性或隐喻性；与现有环境融合。

后现代建筑比较典型的有美国奥柏林学院爱伦美术馆扩建部分、美国波特兰市政大楼、美国电话电报大楼、美国费城老年公寓等。

有机建筑

有机建筑是现代建筑运动中的一个派别，代表人物是美国建筑师赖特。有机建筑的核心是"道法自然"，就是要求依照大自然启示的道理行事。赖特的具体主张有：

（1）自然生长论。建筑应与大自然和谐，就像从大自然里生长出来似的；力图把室内空间向外伸展，把大自然的景色引进室内。装饰不应该作为外加于建筑的东西，而应该是在建筑上生长出来的，要像花从树上生长出来一样自然。相反，城市里的建筑，则采取对外屏蔽的手法，以阻隔喧嚣杂乱的外部环境，力图在内部创造动态的、愉快的环境。

（2）主题论。每一个建筑都应该根据各自特有的客观条件，形成一个理念，把这个理念由内到外贯穿于建筑的每一个局部，使每一个局部都互相关联，成为整体不可分割的组成部分。

（3）"有生于无"论。重视内部空间效果设计，屋顶、墙和门窗等实体都处于从属的地位。这就打破了过去着眼于屋顶、墙和门窗等实体进行设计的观念。

（4）传统论。应当了解在过去时代条件下之所以能形成传统的原因，从中明白在当前条件下应该如何去做，这才是对待传统的正确态度，而不是照搬现成的形式。

有机建筑的代表作包括赖特的流水别墅、西塔里埃辛冬季营地，以及德国建筑师沙龙的柏林爱乐音乐厅。

第三节 世界著名建筑师简介

卡拉特拉瓦（Santiago Calatrava）是世界上最著名的创新建筑师之一，也是备受争议的建筑师。卡拉特拉瓦以桥梁结构设计与艺术建筑闻名于世。

卡拉特拉瓦

卡拉特拉瓦认为美态能够由力学的工程设计表达出来，而在大自然之中，林木虫鸟的形态美观，同时亦有着惊人的力学效率。所以，他常常以大自然作为他设计时启发灵感的源泉。他设计的桥梁以纯粹结构形成的优雅动态而举世闻名。

其代表作有：威尼斯、都柏林、曼彻斯特以及巴塞罗那的桥梁，里昂、里斯本、苏黎世的火车站以及雅典奥运会主场馆。

▲ 卡拉特拉瓦

▲ 雅典奥运会主场馆

贝聿铭

贝聿铭，美籍华人，世界著名的建筑设计师。

贝聿铭具有统观全局的设计思想，他说："建筑设计中有三点必须予以重视：首先是建筑与其环境的结合；其次是空间与形式的处理；第三是为使用者着想，解决好功能问题。……正是这一点，前辈大师们是不够重视的。"贝聿铭的设计创造出了承前启后的建筑风格，他注意纯化建筑物的体型，尽可能去掉那些中间的、过渡的、几何特性不确定的组成部分，因而他设计的空间形象具有鲜明的属性。另外，他的设计还具有强烈、生动的雕塑感和明快活跃的时代感，以及被绘画、雕塑作品加强的艺术性。贝聿铭建筑设计中的室内设计部分几乎均由他本人设计，以保证内外的谐调统一。

▲ 贝聿铭

其代表作有：华盛顿国家美术馆东馆、法国巴黎罗浮宫扩建工程、中国银行香港分行大厦、北京香山饭店、中国银行总部大厦、香港的中国银行大厦、中国银行总部大厦等。

▲ 北京香山饭店

安东尼奥·高迪（Antonio Gaudi，1852—1926 年），西班牙建筑师，塑性建筑流派的代表人物，其建筑属于现代主义建筑风格。

在高迪的眼中，一切灵感来源于自然和幻想：海浪的弧度、海螺的纹路、蜂巢的格致、神话人物的形状，这些都是他酷爱采用的表达思路。他痛恨硬邦邦的直线，乐于用柔和的曲线和五彩的颜色表达一切，甚至每一个烟囱的造型、每一块砖的摆法，他都有兴趣玩味半天。

▲ 安东尼奥·高迪

其代表作有：米拉之家公寓、巴特罗公寓（又称巴特罗之家）、吉埃尔礼拜堂、古埃尔公园。

▲ 米拉之家

扎哈·哈蒂德

哈蒂德被誉为当今世界上最优秀的"解构主义大师"。

2004 年，哈蒂德获得了"建筑界的奥斯卡奖"普立兹克建筑奖，成为第一个获得这个世界最高荣誉建筑奖项的女性建筑师。普立兹克奖评委之一、美国建筑资深评论家艾达·路易丝·赫克斯特布尔称："哈蒂德改变了人们对空间的看法和感受。"空间在哈蒂德手中就像橡胶泥一样，任由她改变形状：地板落差极大，墙壁倾斜，天花板高吊，内外不分……她的设计大胆运用空间和几何结构，她因此被称作"解构主义大师"。

▲ 扎哈·哈蒂德

其代表作有：意大利米兰扭曲的写字楼、西班牙巴塞罗那的大学和会议大楼、中国广州的歌剧院、德国斯特拉斯堡电车站、丹麦哥本哈根艺术博物馆、美国辛辛那提艺术博物馆、伦敦 2012 年奥运会水上运动中心等。

安滕忠雄

生活工作在日本大阪的安藤忠雄，在 53 岁时获得了第 18 届普雷兹克建筑桂冠提名。赫雅基金主席杰·A·普雷兹克在宣布这一事实时，引用评奖团的描述说："安藤的建筑是空间和形工艺的组合……既适用又富有灵感，……纵观其建筑生涯根本不能预测其未来。"

安藤的创作理念是：恢复房屋与自然的统一；通过最基本的几何

◀ 安藤忠雄

形式，用不断变幻的光图成功地营造"安逸之居"。

其代表作是 Rokko Housing、皮诺基金会美术馆。

▲ 皮诺基金会美术馆

勒·柯布西耶

勒·柯布西耶（Le Corbusier，1887—1965 年）是 20 世纪最著名的建筑大师、城市规划家和作家，是现代建筑运动的激进分子和主将，他被称为"现代建筑的旗手"。他和瓦尔特·格罗皮乌斯（Walter Gropius）、路德维格·密斯·凡·德·罗（Ludwig Mies van der Rohe）（原名 MariaLudwig Michael）、赖特（Frank Lloyd Wright）一起被视为现代建筑派或国际形式建筑派的主要代表。

他丰富多变的作品和充满激情的建筑哲学深刻地影响了 20 世纪的城市面貌和当代人的生活方式，从早年的白色系列的别墅建筑、马赛公寓到朗香教堂，从巴黎改建规划到昌加尔新城，从《走向新建筑》到《模度》，他不断变化的建筑与城市思想，始终将他的追随者远远地

▲ 勒·柯布西耶（Le Corbusier）

抛在身后。柯布西耶是现代建筑一座无法逾越的高峰、一个取之不尽的建筑思想的源泉。

勒·柯布西耶首先提出高层建筑和立体交叉的设想。
其代表作包括萨我伊别墅、马赛公寓、朗香小教堂等。

▲
马赛公寓

约翰·伍重

伍重于 1918 年出生于丹麦，曾经是一
名优秀的水手。直到 18 岁，他还考虑去当
一名海军军官。1942 年毕业于一个高等艺
术专科学校。第二次世界大战爆发后逃往
瑞典，在那里的建筑工作室当小职员。后来去了芬兰，与阿尔瓦·阿
尔托一起工作。在紧接着的十年时间
里，他游历了很多地方：中国、日本、
墨西哥、美国、印度、澳大利亚等。

他获得过普利策建筑奖，获奖评
语是：约翰·伍重是一位建筑师。他
扎根于历史，触角遍及中国、日本以
及伊斯兰国家的文化。他把那些古代
的传统与自己和谐的修养相结合，形
成了一种艺术化的建筑感觉，以及和
场所状况相联系的有机建筑的自然

▲ 约翰·伍重（Jorn Utzon）

本能。他总是领先于他的时代，当之无愧地成为将过去的这个世纪和永恒不朽的建筑物塑造在一起的少数几个现代主义者之一。

其代表作是悉尼歌剧院。悉尼歌剧院始于 1957 年，38 岁的伍重的方案在来自 30 多个国家的 230 位参赛者中被大赛评委选中，当时的媒体称之为"用白瓷片覆盖的三组贝壳形的混凝土拱顶"。这座建筑规模庞大，包括音乐会大厅、歌剧大厅、剧场、排演厅和众多的展览场地设施。建筑面积 8 000 平方米。这座建筑直到 1973 年才建成，历经 14 年之久，耗资 1.2 亿美元。它的结构设计有着前所未有的难度，其间经过无数设计师的设计，最后用混凝土先做成球形，再进行修改削减，杰作才得以诞生。

▶悉尼歌剧院

阿尔瓦·阿尔托

阿尔托于 1898 年 2 月 3 日生于芬兰的库奥尔塔内小镇（Kuortane），1921 年毕业于赫尔辛基工业专科学校建筑学专业。阿尔托于 1940 年任美国麻省理工学院客座教授，1947 年获美国普林斯顿大学名誉美术博士学位，1955 年当选芬兰科学院院士，1957 年获英国皇家建筑师学会金质奖章，1963 年获美国建筑师学会金质奖章。

◀阿尔瓦·阿尔托

阿尔托主要的创作思想是探索民族化和人情化的现代建筑道路。他认为工业化和标准化必须为人的生活服务，适应人的精神要求。他说："标准化并不意味着所有的房屋都一模一样，而主要是作为一种生产灵活体系的手段，以适应各种家庭对不同房屋的需求，适应不同地形、不同朝向、不同景色，等等。"他所设计的建筑平面灵活，使用方便，结构构件巧妙地化为精致的装饰，建筑造型娴雅，空间处理自由、活泼且有动势，使人感到空间不仅是简单地流通，而且在不断延伸、增长和变化。阿尔托热爱自然，他设计的建筑总是尽量利用自然地形，融合优美的景色，风格纯朴。

芬兰地处北欧，盛产木材，铜产量居欧洲首位。阿尔托设计的建筑的外部饰面和室内装饰反映了木材的特征；铜则用于点缀，以表现精致的细部。建筑物的造型沉着稳重，结构常采用较厚的砖墙，门窗设置得宜。他的作品不浮夸、不豪华，也不追随欧美时尚，表现出独特的民族风格。

其代表作有：赫尔辛基文化宫、赫尔辛基理工大学建筑、芬兰大厦音乐厅及会议中心、斯道拉·恩索（Stora Enso）公司总部大楼等。

58

▲ 赫尔辛基文化宫

伦佐·皮亚诺

伦佐·皮亚诺（Renzo Piano）于 1937 年 9 月 14 日出生于意大利热那亚（Genoa）一个建筑商世家。1964 年，皮亚诺从米兰科技大学获得建筑学学位，从此开始了他永久性的建筑师职业生涯。

皮亚诺始终偏爱开放式的设计与自然光的效果。皮亚诺注重建筑艺术、技术以及建筑周围环境的相互结合。他的建筑思想严谨而抒情。在对传统的继承和改造方面，他大胆创新，勇于突

▲ 伦佐·皮亚诺（Renzo Piano）

破。皮亚诺用现代主义的表现手法实现了与先辈大师如达·芬奇、米开朗琪罗同样深远的理想——人、建筑和环境完美的和谐，并以热诚的态度关注着建筑的可居住性与可持续发展。皮亚诺的作品涉及的范围惊人，包括博物馆、教堂到酒店、写字楼、住宅、影剧院、音乐厅以及空港和大桥。他的作品广泛地表现了各种技术、材料和各种思维方式的碰撞，这些活跃的散点式的思维方式是一个真正具有洞察力的大师和他所率领的团队奉献给全人类的礼物。

皮亚诺的伟大之处在于他的建筑作品没有一个固定的模式。与其他建筑师一望即知的建筑模式不同，皮亚诺作品的识别标志是它们没有识别标志。皮亚诺本人对于那些排斥教条主义的年轻建筑师们来讲是一个榜样和激励，他的作品没有浮夸的表情，透露出稀有而温暖的人文精神，执著地关心着天空、大地和人的内心，在现在这种一味张扬个性、标榜自我的大潮流下显得冷静而清醒。

其代表作包括巴黎蓬皮杜艺术中心、休斯敦 menil 博物馆、瑞士贝耶勒基金会博物馆、新喀里多尼亚木棚状文化中心。

▲ 蓬皮杜艺术中心

诺曼·福斯特

诺曼·福斯特是当今国际上最杰出的建筑大师之一，被誉为"高技派"的代表人物。他是第21届普利策建筑大奖的得主。

诺曼·福斯特特别强调人类与自然的共同存在，而不是互相抵触；强调要从过去的文化形态中吸取教训，提倡那些适合人类生活形态需要的建筑方式。他认为建筑应该给人一种强调的感觉、一种戏剧性的效果，能给人带来宁静。

其代表作包括香港银行和香港上海银行、德国商业银行大厦（法兰克福）、斯坦斯泰德机场（埃塞克斯）、柏林国会大厦增建部分、瑞士再保险公司大楼（伦敦）、柏林自由大学图书馆、中国新首都国际机场。

▲ 诺曼·福斯特（Norman Foster）

▲ 法国加里艺术中心

第四节　当今中国的建筑风格

61

新古典主义风格

新古典主义风格的建筑外观吸取了类似"欧陆风格"的一些元素处理手法，但加以简化或局部适用，配以大面积墙以及玻璃或简单线脚构架，在色彩上以大面积线色为主；装饰意味相对简化，追求一种轻松、清新、典雅的气氛。目前国内这种建筑风格较多，属于主导型的建筑风格。

现代主义风格

现代风格的作品大多以体现时代特征为主，没有过分的装饰，一切从功能出发，讲究造型比例适度、空间结构图明确美观，强调外观的明快、简洁。这种风格体现了现代生活快节奏、简约和实用，但又富有朝气的生活气息。

异域风格	这类建筑大多是境外设计师设计的。其特点是将国外建筑风格"原版移植"过来，植入现代生活理念，同时又带有种种异域情调。
普通风格	这类建筑很难就其建筑外观在风格上下定义，他们的出现大概与商品房开发所处的经济发展阶段、环境或开发商的认识水平、审美能力和开发实力有关。建筑形象平淡，建筑外立面朴素，无过多的装饰，显得很普通。
主题风格	主题型楼盘是房地产策划的产物，2000年流行一时，至今余风犹在。这种楼盘以策划为主导，构造楼盘的开发主题和营销主题，规划设计依此为依据而展开。

资料链接

论中国古代建筑的平面与外观形象及其文化特色

王东涛

中国古代建筑文化意蕴丰富而深邃，蕴涵着浓郁的东方文化情调和哲学、伦理思想，在世界建筑文化史上独树一帜。中国古代建筑的平面群体组合以及在外观上呈现出的大屋顶、建筑装饰、色彩运用等特色，不仅具有独特的实用价值及审美价值，而且充分体现了中国古代建筑文化的思想内涵。

中国古代建筑作为东方文化和哲学的载体，不仅自身具有很高的文化内涵，而且在其平面和外观上也最能给人们以生动而具体的美感，在世界建筑史的画卷中呈现出独特的风貌。我国建筑学界对中国传统建筑文化有所关注，但关于古代建筑文化特色的论述尚不多见。全面概括中国古代建筑特色，对于我们深入把握和理解传统建筑文化的内涵，继承和发扬优秀民族文化，弘扬民族传统建筑，具有重要的意义。笔者曾在《中国古代建筑文化的特色》一文中，从思想内涵方面对中国古代建筑文化的内在特色进行过总结，现就平面群体组合、大屋顶、建筑装饰、色彩等几个方面，来进一步探讨中国古代建筑的平面与外观特点。

一

中国古代建筑文化十分重视建筑物与自然环境、人文环境的群体组合。这一文化传统几千年来一脉相承。尤其是在封建社会，建筑活动始终受"恋祖情结""浓于伦理"的"理治"和"天人合一"时空观的深刻影响，同时受以土木为主要建筑材料的限制，"除了一些高台建筑以及佛塔之类比较高之外，中国古代建筑一般都显得平缓；不是执著地建造像西欧中世纪那样的教堂尖顶，而是热衷于使建筑群体向地面四处作有序的铺开……以象征严肃的人间伦理秩序"。这就是说，中国古代建筑之"大"及其功能的丰富多彩，一般不在于建筑单体的向高空发展，而是表现在它的群体组合上，在地面上向四面作横向有序的铺开，在群体组合中回旋与往复。中国古代建筑艺术主要就是建筑群体所表现出来的博大与壮观，一切宫殿、寺庙、园林、住宅等各类建筑莫不如此。这是中国古代建筑在结构观念上不同于西方注重建筑单体的个性和审美效果的一个显著特征。

中国古代建筑的群体组合有其共同的规律性：以"间"为单位构成单座建筑（一般为长方形，单纯而规整），然后根据各类建筑不同的功能需要，以单座建筑组成"庭院"，进而以庭院为单位组合成各种类型和不同规模的建筑群体。这种建筑群体的组合几乎都采取院落的形式，即由走廊、围墙等将四幢房屋围合成封闭性较强的庭院，所以也称为四合院。"小到一座住宅，大至北京的紫禁城，都是由许许多多大小不同的四合院组成的，所以四合院可以说是中国古代建筑群体组合的基本单元，也是中国古建筑的基本形式，自然也是住宅的主要形式。"除了极为贫穷的人家外，中国每一所住宅、宫殿、衙署、庙宇等，都是由若干座个体建筑和一些回廊、围墙之类环绕成一个个庭院的，其中规模最大、形象最美、最复杂的四合院群体建筑当属北京的明清宫城——紫禁城，中国古代建筑的博大与壮观也主要表现在这个平面的建筑群体的组合与布局的有序性上。

中国古代建筑的庭院和组群的布局原则，不仅富有封建伦理文化的特色，还与中国人的崇中、从中、尊中的民族意识有关，它总是沿着一条中轴线（多以纵轴为主，也有以纵横轴为主的），采取均衡对称的方式来布局。具有中轴线布局意识、观念特征的建筑，在中国古代社会随处可见。这种以中轴线为主要标志的、平面对称性格局的中国古建筑的空间布局，是区别于西方建筑的特征之一。

其一，庭院是中国古建筑的群体组合中心。庭院被围合在四周房屋的中间，建筑空间围绕着庭院组织，一般都执著于建构数重进深、曲折幽深、连绵无尽的效果，因而建筑规模需要扩大时，往往采取向纵向、横向或纵横向都扩展的方式，以重重院落相套而构成各种建筑组群。这种由庭院组成的建筑群体，就像一幅中国的手卷画，必须一段段地逐步展开，才能看到和了解它的全貌。正如北京故宫那样，走进了天安门之后，只能是从一个庭院走到另一个庭院，从庭院的这一头走到那一头，一院院、一步步的景色各不相同，只有都走完了，才能全部看完。这种"庭深似海"的建筑组群，井井有条，充分表达了中华民族渴望长期统一、团结和稳定的美好愿望，这种民族精神在建筑上所表现的规整有序、和谐、安定和博大壮观，是中国古建筑文化的一大传统和显著特色。

其二，自古以来，中国人就有顽强的、深厚的空间意识和文化观念，十分强调建筑组群的中轴对称。小到住宅，大到宫殿、整个城市规划，建筑的平面布局总是设以中轴线。这种中轴线往往由道路、建筑物、庭院、广场等组成，大到建筑物左右均布的对称，小到建筑物两旁对列的厢房或配殿，常突出中轴线的对称。以中轴线为基准，比较重要的建筑物总要放在中轴线上（中国地处北半球，多以南北纵轴为中轴线，因而最主要的建筑物也总是设在纵向的直线上，重要的主题建筑居中轴线之上，当然主要建筑物也是坐北而朝南的）；次要的房子（副题建筑）放在它前面两侧对峙的地方，然后向纵深方向布置若干庭院，组成有层次、有深度的建筑空间。这种以中轴线为基准，主次分明、均衡对称、层次清楚、由低到高、相互呼应，富有伦理精神的有组织、有秩序地在平面上展开的建筑群体,是中国古代建筑文化的一大传统。一般庭院布局大体分为两种：或在主要建筑（在纵轴上）左右两侧建两座对称的次要建筑（在横轴上），构成 H 形三合院；或在主要建筑的对面再建一座次要的建筑，用走廊、围墙连接起来，构成正方形或长方形的庭院（即四合院）。当然，由于中国幅员辽阔，各地气候条件不同，人们对建筑功能和艺术要求也不同，这使得中国建筑的群体组合具有多样性。但总的来看，自商朝以来，人们只是将庭院的形状、大小与木构架建筑的体形样式、材料、装饰、色彩等加以调整而已。虽然也有在纵轴线上安置主要建筑以及在其对面安置次要建筑，院子两侧用回廊将主、次建筑联系起来的"廊院"，有以体形巨大的建筑为中心，周围以庭院环绕，再外用矮小的附属建筑、走廊和围墙构成方形或圆形的，还有用弯曲道路或桥梁联系建筑组群和利用地形建造对称与不对称相结合的建筑组群，甚至有古典园林式的很不规则的组群等，但是中国古建筑的平面布局都不外乎以房屋包围空间、以空间包围房屋两种。以中轴线为基准、以庭院为中心的建筑观念始终存在着，并在实践中起着作用，基本的还是"四合院"布局方法。这是西方建筑所没有的，也是中国古建筑所独有的一个突出特点。

二

"中国古代建筑在建筑形态上最显著的特征就是中国建筑所特有的大屋顶"，其"建筑文化形象之尤为感人者，当推中华大屋顶的反宇飞檐"。中国古建筑是木结构体系，因而用木材构成的屋顶部分在房屋的总体型中要相对大一些。房屋的面积越大，它的屋顶也就越高大。因此，对于木结构的建筑来说，防腐是必须解决的问题。于是，从建筑的实用功能出发，中国古代建筑中的高台基、重叠的披檐、飞升的翼角以及在深远的檐下结构精美的斗拱，还有凹曲的屋顶、飞檐、角梁等都出现了。这样，不仅硕大的屋顶笼盖了屋身，而且挑出较远的屋檐对屋身的墙体、门窗之类以及夯土台基也起到了一定的保护作用，同时还消除了大屋顶给人们的压抑感。尤其是对屋顶部分的曲面、曲线处理，屋顶四面的屋檐就成了两头高于中间、向上反曲的屋檐，垂脊也呈反翘的弧线状。再加上大屋顶上面要铺瓦，圆弧的瓦交错相扣摆放，雨水由拱起的瓦片流到下凹的瓦中，被导到屋檐的边缘，流到地下，从而保证了房屋的干燥。这就使硕大的屋顶经过曲面、曲线处理和瓦结构的"因势利导"，既解决了排水、防水、遮阳、采光和通风的功能问题，又赋予了庞大的屋顶很强的向上动感，起到了静中有动的艺术效果。再加上一些装饰，如在正脊两端饰以"鸱尾"（实乃海鱼）以示能激浪引起降雨，浇灭淫火；在垂脊之前饰以"钱兽"，在角脊上饰以"套兽"如龙、凤、狮、天马、海马、狻猊（或麒麟）、牙鱼、獬（或孚）、吼（或斗牛）等群雕，在这些群雕之前再饰以风神飘举的仙人形象。这种仙人在前、群兽随后的文化构思，不仅体现了融合儒、释的道教神仙思想，反映了以人统领神怪来"防火""降火"的文化意蕴，而且也使笨重的大屋顶显得更加富有情趣，成为轻巧活泼的形象了。尤其是在我国南方，不仅屋顶、四边屋檐是曲线形的，就连屋顶上的几条屋脊也是曲线的，有的寺庙、会馆的四个屋角更是曲而高高翘起，直冲云霄，跃跃欲飞，诚如"如鸟斯革，如翚斯飞"（《诗经·小雅·斯干》）所言，极富神韵和表现力，轻巧美观且而又实用。

　　中国古建筑的大屋顶之所以美，是因为它"没有一处不是曲线的"，轻巧活泼而又"如翚斯飞"，是因为它对斗拱的运用和具有东方文化特色的完美装饰（此点下文将要论述）。以木构架为主要结构方式的中国古代建筑，是靠木柱、木梁来承托房屋上部（庞大的屋顶等）的一切荷载的，因而形成了中国传统建筑"墙倒屋不塌"的主要特征。木柱、木梁为何能承托庞大的房屋上部？这是因为在木构架建筑中，一般殿堂檐下富有装饰效果的一束束斗拱在起着重要的承托作用。斗拱是为了减少立柱和横梁之间交接点上的剪力，用弓形的短木块和两层弓木之间相垫的方木块拼合装配而成的特有构件（弓形短木称"拱"，方木形如"斗"）。斗拱既用于梁头之下，也用于檐下。用在梁枋两端下面，可以减少梁枋的跨度，加大梁枋的承受力；用在檐下，可以支托住屋檐下的枋子和椽子，使挑出的屋檐伸出屋身之外。使用的斗拱层数决定着屋檐挑出的深度。在大屋顶建筑结构中，比例匀称的外檐斗拱是不可缺少的特有构件，它不仅使体形雄巨的房屋得以承托，而且在建筑外观上起着很大的装饰作用，使人感到庞大的屋顶在横向的逶迤中收束在稳定、持重、安逸、欢快的建筑形象之中，给人以美的感官享受。但是，中国古建筑因为等级制度的关系，只有官殿、寺庙和其他高级建筑才允许在柱上和内外檐的枋上安装斗拱。因此，斗拱的作用不仅起着结构、装饰作用，还象征着建筑物及其主人的地位。

中国古代建筑的大屋顶形体很多，有四坡五脊的庑殿顶（伦理品位最高，多见于宫殿、陵寝和大型寺庙、殿宇），有四面、六面、八面或圆形的攒山顶，有两坡五脊但两山墙与屋面齐的硬山顶，有两坡五脊而屋面挑出到山墙外的悬山顶（即挑山顶），有上半是悬山而下半是四面坡九脊的歇山顶（伦理品位仅次于庑山顶）。此外，还有勾连搭、单坡、丁字脊、盝顶、盝顶、拱券顶、圆顶以及由这些屋顶组合而成的各种复杂形体的屋顶。但是，其中具有反字飞檐（屋檐向上反曲）特征的大屋顶是中国古代建筑屋顶文化的典型代表，最能给人以直观而又深刻的印象，是中国在建筑上的伟大艺术。再加上对屋顶的优秀组合和艺术雕饰（宋朝以后又采用了琉璃瓦和彩色）等，对屋顶加上了颜色和光泽，大屋顶显得更加光辉耀眼、美丽壮观，具有很强的艺术感染力，是中国古代建筑外观上最突出的特征之一。

三

中国古代的建筑装饰，不仅具有浓厚的东方文化情调，使中国古代建筑具有丰富的思想内涵和表现力，而且极大地加强了中国古代建筑的艺术表现力，使建筑物具有优美的外观形象，构成中国古代建筑很重要的又一特色。

中国古代的建筑装饰，一般都是围绕着"土""木"实践的，往往都从保护"土""木"建筑出发，单座建筑从整个形体到各部分构件，利用木构架的组合、各构件的形状以及材料本身的质感等进行艺术加工，巧妙地把建筑功能、结构和艺术统一起来，这是中国古代建筑的卓越成就之一。由于木构架结构的柱、梁、枋、檩、椽等几乎都是显露在外面的，因此就把柱子做成两头略小的梭柱，把横梁做成中央略微向上拱起而富有弹性的曲线的月梁；把梁上的短柱做成柱头收分，下端呈尖瓣形骑在梁上的瓜柱；把短柱两旁的托木做成为弯曲的扶梁；把上下梁枋之间的垫木做成为各种各样的驼峰；把屋檐下出檐的斜木加工成各种式样的兽形、几何形的撑拱和牛腿；把梁枋穿过柱子的出头加工成菊花头、蚂蚱头等有趣的形状，等等。这样不仅使构件的形式显得自然妥帖，而且既保护了木构件，又使建筑物成了优秀的艺术品。中国古建筑独特的大屋顶，不仅体形雄巨和比例匀称的外檐斗拱以及向上反曲的屋檐在外观上起着很大的装饰作用，而且在屋顶上有许多有趣的装饰。在屋脊上为了交接稳妥和预防漏水，做出了需要用砖、瓦封口的各种线脚；在两脊或三脊相交的结点，做成动物、植物或几何形体的各式各样的鸱吻或宝顶；在正脊和垂脊上安装上鸱尾、"仙人指路"、走兽、悬鱼等，巧妙地装饰与建筑功能结合起来，使笨拙的大屋顶显得轻巧活泼。对于古建筑的门，根据木构造功能的需要，进行了装饰处理，在官殿、寺庙的大门门板上钉以成排的门钉，中间再衔上一对兽形的门环；在门框横木上设以角形或花瓣形的门簪；门框下面的石磴是承受大门柱的基石，把露在外面的部分雕刻成狮子或圆鼓形（称抱鼓石），等等。所有这些看似装饰的附件都与大门的构造有关：成排的门钉是为了将木板与横穿木连接起来；门环是为了扣门和拉门；门簪是固定连楹木与门框的木栓头。古建筑的窗，在没有玻璃之前，多用纸糊或安装鱼鳞片等半透明的物质来挡风遮雨，而且需要较密集的窗格。于是，古人就制作了菱纹、步步锦，以及由动物、植物或人物组成的各式各样的窗格花纹，还用了压制有花纹的铜片钉在窗框的横直交接处。这既加固了窗构架，又美化了整个窗扇。古建筑的基座，尤其是重要建筑的基座，是放在高台基上的，以增加其雄伟气势，故有"高台榭，美宫室"之说。这类台基多用砖石砌成的须弥座形式，台基四周多有栏杆相围，并在栏板、望柱上附以雕饰，在望柱柱头上做成为动、植物或几何形体，排水的雕成动物的螭头，使得笨拙的台基变成了富有生气的东西。对于支撑房屋的木柱，为了防潮，在柱脚下垫以石柱础，并将它加工成有线脚、莲花瓣，有复杂的各类鼓形和兽形，有单层雕饰和多层的立雕、透雕，等等。可以说，不论是在建筑组群上还是在建筑单体的各个部位上，中国古代建筑都创造了丰富多彩的艺术形象，使每一个房屋构件都成了能起装饰作用的建筑构件，这是中国古代建筑装饰的一个基本特点。

中国古代建筑装饰思想的内涵十分丰富，艺匠们将绘画、雕刻、工艺美术的不同内容和工艺应用到建筑装饰里，极大地加强了艺术的表现力。例如，把动物中的龙、虎、凤、龟四种神兽和狮子、麒麟、鹿、鹤、鸳鸯等，植物中的松、柏、桃、竹、梅、菊、兰、荷等花木，以及文字、几何纹样等用在装饰中来表达出一定的思想内涵。例如，把神兽龙作为帝王的象征，从宫殿、皇帝的服饰上都可看到龙的形象；把狮子作为威武、强力量的象征，宫殿和重要建筑的大门两侧无不摆放着石狮；把荷花用在建筑装饰上，不仅是因为荷花本身美，而且是因为它象征着"出污泥而不染"的高贵品格……但是，在中国的封建伦理社会里，建筑装饰的文化主题、规格、品位等，常因伦理规范过多而受到严格制约，如龙的装饰图案只能出现在皇家宫殿、坛庙、陵寝等建筑物或与歌颂王权思想有关的建筑物上等。为了避免装饰中所用主题形象连续、重复出现，山水、器具和动物、植物等图案在装饰中被概括、简化而程式化，其形态也就显得更为精练形象了，如民间建筑上常用的八仙装饰，因为形象复杂难雕，就免去了八仙形象而只用其八仙常用宝物道清简、掌扇、尺板、笛子、葫芦、花篮、莲花和宝剑等八种器物作装饰，而且形成了标准的样式。为了在装饰中表达主人追求的内容情节，人们往往把多样、复杂的主题组合在一起，如北京颐和园中 728 米的长廊，在彩画中集中体现了这种情节性的装饰。在 273 开间的一千多幅彩画里几乎没有完全重复的形象，绘制了中国古代《红楼梦》《西游记》《三国演义》《水浒传》等四大名著中精彩的片断和山水花卉，使长廊变成了一条画廊。

四

中国古代建筑最突出的特点之一，还在于对装饰色彩的使用。中国的艺匠们在把建筑装饰与保护木材结合起来的过程中，广泛地使用了木漆和桐油；后来又根据需要加入了银朱、樟丹、赭石、朱膘、石黄、雄黄、雌黄、土黄、洋绿、石绿、铜绿、铅粉、黑白脂等矿物质和藤黄、胭脂、墨之类的植物质颜料，用这些颜料绘制出不同色彩的彩画（以龙凤为至尊，锦缎几何纹样次之），并在色彩对比和调和方面创造了很多优秀的方法。中国人对色彩的运用，不仅与"浓于伦理"的"理治"有关，而且与中华民族的民族心理有关。很早以来，中国人就信奉阴阳五行说，认为色彩的分类皆与五行说相印，春天为青，方位为东；夏天为赤，方位为南；秋天为白，方位为西；冬天为黑，方位为北；黄色相当于土，并位居中央。青、红、白、黑、黄各有意味：青色象征平和永久，赤色象征幸福、喜悦，白色象征悲哀和平静，黑色象征破坏和肃穆，黄色象征力度、富裕和王权。在这种观念下，色彩的使用在建筑装饰上是谨慎的：表示幸福富贵的用赤色；祝愿平和时用青色；黄色是帝王专用之色，庶民不得滥用；黑白两色一般很少使用。可以说，色彩的使用被赋予了浓厚的伦理观念，因而在漫长的中国封建社会里，色彩的使用变化较小。古代中国建筑装饰的色彩虽然丰富多彩，但不如西方那样百彩竞艳、异彩纷呈、变幻多端，因而显得比较单一，形成了一定的模式，显得青素、优雅而又富有理性精神。几千年来，只有宫殿、坛庙和府弟建筑，才能使用金碧辉煌的色彩（尤以黄色为贵，依次为赤、绿、青、篮、黑、灰等色）。特别是到宋、金以后，宫殿用白石做台基，墙、柱、门、窗用红色，屋顶用黄、绿、篮各色的琉璃瓦，在檐下用篮、绿相配的"冷色"和金碧辉煌的彩画。色彩的鲜明对比，创造了一种富丽堂皇、绚烂夺目的艺术效果。例如，北京故宫的总体色彩就给人以强烈而鲜明的冲击感；而一般平民的住宅则多用白墙、灰瓦和栗、黑、墨绿等色的梁、柱、装饰，形成秀丽雅淡的格调，在色彩处理上取得了很好的艺术效果。因此从某种意义说，中国古建筑也就是伦理化了的色彩建筑。

总之，在世界建筑文化的发展史上，既因为中华民族的长期团结和统一，又因为中华民族所具有的东方文化情调和哲学伦理观念，还因为自古以来中国建筑以土木为材、以木架构为主要的结构方式，中国古代建筑文化在社会历史进化的过程中，逐步完善、成熟，成为自成体系、独有东方特色的一面旗帜。研究中国古建筑文化的平面外观及其深刻的文化内涵，对于我们继承和弘扬民族传统建筑与民族精神，更好地吸收外来建筑的优点，丰富和发展民族传统建筑文化，搞好现代建筑，具有重要的价值和意义。

（原载于《河南大学学报（社会科学版）》2006 年第 3 期，有改动）

第四章

身 体 美 学

第一节　身体的文化解读

　　关于身体的谈论不仅是人们最一般的日常话语之一，而且也是当前最重要的文化现象之一。为什么要谈论身体？人们日常的谈论比较简单，它主要与身体的疾病、健康和快乐等有关；人们文化性的谈论则比较复杂，它不仅批评历史上身体的缺席，而且追求现实中身体的解放。这在身体写作（包括文学、美术和哲学等）中已成为一个口号。那么，关于身体的谈论意味着什么？它表明身体是一个问题，是与每一个人相关的问题。但它究竟是一个什么样的问题？

人与身体

　　当人们谈论身体的时候，人和身体就呈现出两种关系。

　　一种关系是：人是身体。在这个论断中，人与身体是同一的。一方面，人被身体所规定。心灵和语言也只是附属于身体，是服务于身体的工具。身体就是人的生死爱欲。这要求不要把人理解为没有肉身的漂浮的灵魂和语言的符号，不要追求死亡之后的永垂不朽或者死而复活，而是回到身体所处的现实世界。另一方面，身体也被人所规定。作为被人所规定的身体，它既不是动物性的——遭到嘲笑和唾弃，也不是神圣性的——受到推崇和膜拜，而是人性的，是合乎人的本性和生活的，因此是应该得到理解和尊重的。

另一种的关系是：人有身体。这意味着身体不是人的全部，而是人的一部分。人除了拥有身体之外，还拥有与身体不同的思想和语言。人不仅拥有身内之物，而且还拥有一些身外之物，如权利、名声和财产等。与身体比较，也许其他部分对于人更为重要，如思想和语言等。由此，人可以控制身体，即让身体按照人的思想和语言所设定的目标锻炼和成长。在这样的意义上，人不仅拥有身体，而且可以制造身体。

身体与权力

有人认为身体乃是权力的符号和网络，在权力无孔不入的组织、监控、收购、塑造下，身体是一个物品，它按照需要被安置于一个权力的网络中去。这种观点对否暂且不论，但说明了身体与权力确实有某种关联。

在中国的传统思想中，道家给予身体以自然的规定，身体从属于自然并要回归自然；儒家给予身体以社会的规定，身体必须合于礼的尺度。因此，在古代，自然的人是没有独自的价值的，人的身体属于君主或"道"并且处于一个等待成就、等待成人的过程。西方视野中的身体长期以来被理性所规定。矿物、植物和动物是非理性的存在，上帝是理性的存在。人是理性的动物，一方面凭借理性区分于动物，另一方面凭借动物性而不同于上帝。因此，西方人认为人主要被切分为肉体和精神，具有二元性。肉体是邪恶的和肮脏的，精神是美好的和纯洁的；不是肉体规定精神，而是精神规定肉体。因此，肉体要被控制，肉体的欲望要被禁止。在此，中西传统文化中对身体的看法殊途同归，但在思考对于身体规定的时候，均忽略了身体自身的特性。

此外，有人视知识为一种权力。福柯说："对于人类知识来说，人既不是最古老的问题，也不是最常见的问题。仅就一个有限的领域中一段较短的历史实例——16 世纪以来的欧洲文化——而言，我们可以确定，人是其中一个较近的发明。知识在黑夜中很长时间并不是围绕着他及其秘密徘徊。……正如我们思想的考古学很容易证明的，人是一个近期的发明。而且他或许正在接近其终结。

身体与性别

女性主义认为性别差异与是文化塑造的结果，而父权是造成性别不平等的根本原因。女性主义者还认为，妇女的从属地位不是经济压迫的结果，而性别制度才是根本原因。男人先是统治女人，然后才统治被统治阶级；人类社会的历史就是"男性—文化"统治、超越"女性—自然"的历史。凯特·米利特在《性政治》中说："性别支配是当今文化中无处不有的意识形态，它提供了最基本的权力概念。"西蒙娜·德·波伏娃在《第二性》中指出："人类是以男性为中心的，男人不就女人的本身来解释女人，而是以他自己为主相对而论女人的，女人不是天然进化发展形成的一种人类。对男人来说，女人所表现的在他们眼中只是一个性感的动物，她就是'性'，其他什么也不是……男人是主要的，女人只是附属品而已。"男性的性专制表现在："肋骨说"——女人是男人的附属品；"灰姑娘—王子"情结——女人的出路。对通奸的惩罚——重女轻男。

身体与消费

身体与消费的关系，在某种意义上构成了一种以身体为对象而将特定的价值观念凝结在消费行为中的社会体系，身体是消费的卖点，消费则是身体的动力。在资本主义社会，身体已成为一种"符号的消费"，资本主义运作方式把身体进行了无限的有差异性的符号编码，这种符号编码利用的是改造过的身体的欲望动力。

技术是人之所以为人的一个重要标志。

技术可以作为人身体延伸的器官，如盲人的拐杖，盲人的身体通过拐杖而延伸，拐杖成为他身体的一部分。对于盲人而言，这两者已经合二为一了。身体被技术塑造，同时人和世界的边界被技术模糊。比如，一个熟练的汽车驾驶者，当汽车被驾轻就熟的时候，汽车就成了身体的重要组成部分。当技术成为人的一个器官的时候，整个人就处于技术的汪洋大海之中。人和世界之间的界限是身体，但补缺术又模糊了这个界限，而技术本身又成为界限。

技术又是一种外在的异化力量。技术不是纯粹的中性，技术有一种惯性，一旦开动就具有某些强迫功能。卓别林在《摩登时代》里充分刻画了人在现代机器里的异化状况。卓别林扮演的钳工一天到晚要重复拧螺丝的动作，所以对他来说人是受制于机器的。有一位诺贝尔文学奖获得者曾经说过，我们人类发明了很多工具，本来是要让人类更加悠闲，可结果却是技术越发达，人类越繁忙。人类已经不能过一种宁静的生活了。有人说人不是技术的主人，而是现代技术的传宗接代者。技术通过人来不断地延伸自己，人不断地按照技术的逻辑来运作。结果是人被技术赶着走。技术不断地优化自己、改变自己，这是通过貌似人的主动行为实现的，是技术要求人这么做的。这样的后果是技术越来越发展，而人越来越摆脱不了现代技术的制约。

此外，通过 Internet，我们可以触及全球的任何一个角落，通过虚拟现实的传动器，我们进入了赛博空间（Cyberspace）。在想象中，我们经历着再身体化。

第二节　气　质

气质(Temperament)是身体中的生理因素和社会因素的纽带。

气质是不以活动目的和内容为转移的典型的、稳定的心理活动的动力特性。气质是在人的生理素质的基础上，通过生活实践，在后天条件的影响下形成的，并受到人的世界观和性格等的控制。它的特点一般是通过人们处理问题、人与人之间的相互交往显示出来的，并表现出个人典型的、稳定的心理特点。

气体的分类

早在公元前 5 世纪，古希腊著名医生希波克拉特就提出了 4 种体液的气质学说。他认为人体内有四种体液：血液（来自拉丁语—sanguis）、黏液（来自希腊语—phlegma）、黄胆汁（来自希腊语—chole）和黑胆汁（来自希腊语—melanoschole）。四种体液谐调，人就健康；四种体液失调，人就会生病。希波克拉特曾根据体液在人体内所占的优势，把气质分为四种基本类型：多血质、胆汁质、黏液质和抑郁质。几个世纪以后，罗马医生哈林（Galen）用拉丁语"emperametnum"一词来表示这个概念。这就是"气质"（Temperament）概念的来源。用体液解释气质类型虽然缺乏科学根据，但人们在日常生活中确实能观察到这四种气质类型的典型代表。活泼、好动、敏感，反应迅速，喜欢与人交往，注意力容易转移，兴趣容易变换等，是多血质的特征；直率、热情，精力旺盛，情绪易于冲动，心境变换剧烈等，是胆汁质的特征；安静、稳重，反应缓慢，沉默寡言，情绪不易外露，注意稳定但又难于转移，善于忍耐等，是黏液质的特征；孤僻，行动迟缓，体验深刻，善于觉察别人不易觉察到的细小事物等，是抑郁质的特征。因此，这四种气质类型的名称曾被许多学者所采纳，并一直沿用到现在。

我国春秋战国时期的医学曾根据阴阳五行学说，把人的某些心理上的个别差异与生理解剖特点联系起来，按阴阳的强弱，分为太阴、少阴、太阳、少阳、阴阳和平五种类型，每种类型各具有不同的体质形态和气质；又根据五行法则，把人分为"金形"

"木形""水形""火形"和"土形",每种类型也各有不同的肤色、体形和气质特点。这两种分法是互相联系的。作为分类基础的阴阳与近代生理学研究的兴奋和抑制有某些类似之处。我国古代的思想家孔子从类似气质的角度把人分为"中行""狂""狷"三类。他认为"狂者进取,狷者有所不为"。意思是说,"狂者"一类的人,对客观事物的态度是积极的、进取的,他们"志大言大",言行比较强烈表现于外;"狷者"一类的人比较拘谨,因而就"有所谨畏不为";"中行"一类的人则介乎两者之间,是所谓"依中庸而行"的人。

现代心理学根据气质是人的高级神经活动类型的特点和其在行为方式上的表现,揭示出兴奋过程和抑制过程的三种特性:① 兴奋过程和抑制过程的强度;② 兴奋过程和抑制过程的均衡度;③ 兴奋过程和抑制过程的灵活性。这些特征把高级神经活动分为 4 种类型:① 强而不均衡的;② 强的、均衡的、灵活的;③ 强的、均衡的、惰性的;④ 弱型的。这些高级神经活动的类型,是人的气质形成的生理基础。

现代心理学关于气质的研究影响较大的有:

(1)A·H·巴斯和普洛明提出气质的 EAs 模型,确定三种气质倾向:情绪性,即个体情绪反应的强度;活动性,即个体能量释放的一般水平;交际性,即个体的人际交往特点。

(2)A·托马斯和切斯提出儿童气质的九个维度,即活动水平、节律性、主动或退缩、适应性、反应阈限、反应强度、情绪质量、分心程度、注意广度和持久性,并据此划分出三种气质类型:易教养型、困难型和缓慢发动型。

(3)巴甫洛夫认为有四种典型的高级神经活动类型,即活泼的、安静的、不可抑制的、弱的,分别与希波克拉底的四种气质类型相对应。四种气质类型即四种典型的高级神经活动类型的行为表现。除了这四种典型的类型外,还有许多中间类型。巴甫洛夫学派的观点得到了后继者的进一步发展，如捷普洛夫和涅贝利岑等主张研究神经系统的各种特性及其判定指标；梅尔林主张探讨神经系统特性与气质的关系，强调神经系统的几种特性的组织是气质产生的基础。此外，还有人将气质归因于体质、内分泌腺或血型的差异，但气质的生理基础仍无法确定。

研究气质的意义

人的气质本身无好坏之分，气质类型也无好坏之分。在评定人的气质时，不能认为一种气质类型是好的，另一种气质类型是坏的。每一种气质都有积极和消极两个方面，在这种情况下可能具有积极的意义，而在另一种情况下可能具有消极的意义。如胆汁质的人可成为积极、热情的人，也可发展成为任性、粗暴、易发脾气的人；多血质的人情感丰富，工作能力强，易适应新的环境，但注意力不够集中，兴趣容易转移，无恒心等。气质相同的人可有成就的高低和善恶的区别。抑郁质的人在工作中耐受能力差，容易感到疲劳，但感情比较细腻，做事审慎小心，观察力敏锐，善于察觉到别人不易察觉的细小事物。气质不能决定人们的行为，因为人们可以自觉地去调节和控制它。

气质虽然在人的实践活动中不起决定作用，但是有一定的影响。气质不仅影响活动进行的性质，而且可能影响活动的效率。例如，要求做出迅速、灵活反应的工作对于多血质和胆汁质的人较为合适，而黏液质和抑郁质的人则较难适应；反之，要求持久、细致的工作对黏液质、抑郁质的人较为合适，而多血质、胆汁质的人又较难适应。在一般的学习和劳动活动中，气质的各种特性之间可以起互相补偿的作用，因此对活动效率的影响并不显著。对先进纺织工人所做的研究证明，一些看管多台机床的纺织女工属于黏液质，她们的注意力稳定，工作中很少分心，这对于及时发现断头故障等来说是一种积极的特性。注意力的这种稳定性补偿了她们从一台机床到另一台机床转移注意力较为困难的缺陷。另一些纺织女工属于活泼型，她们的注意力比较容易从一台机床转向另一台机床。这样，注意力易于转移就补偿了注意力易于分散的缺陷。但是，在一些特殊职业中（如飞机驾驶员、宇航员、大型动力系统调度员或运动员等），要经受高度的身心紧张，要求人们有极其灵敏的反应，要求人敢于冒险和临危不惧，因而对人的气质特性提出了特定的要求。在这种情况下，气质的特性影响着一个人是否适合于从事该种职业。因此，在培训这类职业的工作人员时，应当测定人的气质特性，这是职业选择和淘汰的根据之一。

据研究，俄国的四位著名作家就是四种气质的代表，普希金具有明显的胆汁质特征，赫尔岑具有多血质的特征，克雷洛夫属于黏液质，而果戈理属于抑郁质。气质类型的差异，并不影响他们在文学上取得杰出的成就。气质只是属于人的各种心理品质的动力方面，它使人的心理活动染上某些独特的色彩，但并不决定一个人性格的倾向性和能力的发展水平。所以，气质相同的人可以成为对社会作出重大贡献、品德高尚的人，也可以成为一事无成、品德低劣的人；可以成为先进人物，也可以成为落后人物，甚至反动人物。反之，气质极不相同的人也都可以成为品德高尚的人，成为某一职业领域的能手或专家。

由于人的气质各不相同，所以在教育工作中必须采取因材施教、个别对待的方法。例如，严厉的批评对于胆汁质或多血质的学生会促使他们遵守纪律，改正错误，但对抑郁质的学生则可能产生不良后果。这就要求教育工作者要考虑学生的气质特点。又如，在改变作息制度和重新编班时，多血质的学生很容易适应，无需特别关心，而对于黏液质、抑郁质的学生则需给予更多的关怀和照顾，如此才能使他们逐步适应新的环境。

总之，虽然人的行为并不决定于气质，而决定于在社会环境和教育影响下形成的动机和态度，但是，气质在人的实践活动中

80

也具有一定的意义。虽然气质与态度相比只居于从属地位，但它是构成人们各种个性品质的基础，因此它是一个必须加以分析和考虑的重要因素。

怎样培养气质美

在现实生活中，有相当数量的人只注意穿着打扮，并不怎么注意自己的气质是否给人以美感。诚然，美丽的容貌、时髦的服饰、精心的打扮，都能给人以美感。但是，这种外表的美总是肤浅而短暂的，如同天上的流云，转瞬即逝。许多人并不是靓女俊男，但在他们的身上却洋溢着夺人的气质美：认真，执著，聪慧，敏锐。这是真正的气质美，是和谐统一的内在美。如果你是有心人，就会发现气质给人的美感是不受年纪、服饰和打扮局限的。

气质美看似无形，实为有形。它是通过一个人对待生活的态度、个性特征、言行举止等表现出来的。气质外化在一个人的举手投足之间。走路的步态，待人接物的风度，皆属气质。朋友初交，互相打量，好的气质立即会给人留下好的印象。这种好感除了来自言谈之外，就是来自作风举止了。热情而不轻浮，大方而不傲慢，这是一种高雅的气质；狂热浮躁或自命不凡，这是气质低劣的表现。

气质美首先表现为丰富的内心世界。理想则是其中的一个重要方面，因为理想是人生的动力和目标，没有理想的追求，内心空虚贫乏，是谈不上气质美的。品德是气质美的另一重要方面。为人诚恳、心地善良是不可缺少的。文化水平低下也在一定程度上影响着人的气质。此外，还要胸襟开阔，内心安然。

气质美还表现在性格上。这就涉及平时的修养。要忌怒忌狂，能忍辱谦让，关怀体贴别人。忍让并非沉默，更不是逆来顺受、毫无主见。相反，开朗的性格往往透露出大气凛然的风度，更易表现出内心的情感。而富有感情的人，在气质上当然更添风采。

高雅的兴趣是气质美的又一种表现。例如，爱好文学并有一定的表达能力，欣赏音乐且有较好的乐感，喜欢美术而有基本的色调感，等等。

追求美但不误解美、亵渎美，这就要求我们每一个热爱美、追求美的人都要从生活中领悟美的真谛，把美的外貌和美的气质、美的德行与美的语言结合起来，展现出人格、气质、外表的一个完整的美好形象来。

气质最主要的特点是由内而外，气质的培养是一个漫长的过程，需要平时不断地进行自我提升。

资料链接一

82

身体美学的基本问题

彭富春

伴随着后现代社会的来临，身体问题在思想领域得到了前所未有的重视。这理所当然地关涉到作为感性学或者感觉学的美学，因为身体不仅是感性世界中的一个重要方面，而且还具有感觉的机能。身体美学或关于身体的美学正成为美学学科中一个重要的分支。人们不仅试图将身体美学体系化，而且试图极力重构中国和西方美学历史中的身体问题。于是，身体美学自身面临着泛化的问题。在这种背景下，对一些基本理论问题的澄清就显得非常必要。

第一，什么是身体美学？

身体美学最容易被人想象为一切关于身体的美学研究。如此理解的身体美学就具有十分宽广的意义，它甚至可以被认为是伴随着美学自身的产生和发展。但现代和后现代的身体美学具有独特的意义，它不只是关于身体的美学，也是从身体出发的美学。由此可以看出，身体美学的意义不是单一的，而是多重的。关于身体的美学和从身体出发的美学的区别，主要在于对身体的不同理解。

一般而言，关于身体的美学可能既包括对于身体的身体化的理解，也包括对身体的非身体化理解。非身体化的理解是最惯常的和多方面的。首先是身体的意识化和心灵化。人们认为身体和心灵虽然是不同的，但是统一于人自身的。在这样的统一体中，身体是受心灵支配的。其次是身体的道德化。在道德的教化中，身体得到了规训。一个道德化的身体就成了善的身体或者是恶的身体。再次是身体的宗教化。一个被神灵充溢的身体是富有生命的，一个没有神灵庇护的身体只能走向死亡。最后是身体的政治化。在政治的王国中，不同的身体扮演不同的角色。这也同时导致政治的身体化，有人是首脑，有人是口舌，有人则只是手脚。在这种种对于身体的非身体的解释中，思想具有同一性，即身体与心灵不同，而且被心灵所规定。如果一般关于身体的美学是基于这种对于身体的非身体的理解的话，那么所谓的身体美学就不是身体美学，而是心灵美学或者意识美学。心灵或者意识在此只不过获得了一种独特的形态，即感性的形态。

严格意义上的身体美学不只是关于身体的美学，也是从身体出发的美学。当思想从身体出发的时候，它所思考的就不是非身体，而是身体自身。它是作为一个现实给予的身体而呈现的。这样一个事实表明，身体自身是肉体性的。作为肉身，它是存在，而不是虚无；是物质的，而不是精神的。当然，比起矿物和植物，人的肉体的存在具有特别性，它是血肉之躯。而与一般的动物相比，人的肉体是一个人性化的肉体。但任何一个人的身体既是自然赋予的，也是文化生成的。

但这样的身体究竟意味着什么？如果身体直接表现为肉体，那么它虽然与心灵相关，但也具有自身的独立性。它可能受心灵的支配，也可能不受心灵的支配，甚至可能反过来支配心灵。当身体是自律的时候，它就必须从意识和心灵的绝对规定中解放出来。一个与心灵不同且具有独立意义的身体是一个活的生命。但作为其根本的生命活动是欲望性的，它是欲望自身并且指向欲望之物。身体在生活世界里最基本的欲望就是吃喝和性行为等。身体的经验总是个人的、特别的、差异的，不仅男女性别表明了两性的身体差别，而且每一个人自身的身体都是他样的。它是唯一的，而且是不可替代的。同时，每一个人在每一个年龄段的身体也是他样的。人的身体性决定了人是具有生命的存在，但也是走向死亡的存在，由此也是一个生病、衰老和痛苦的存在。在从生到死的生命历程中，任何一个身体都是不可重复、也是不可能死而复活的。身体在根本上是一个偶然性的存在。

　　从身体出发的美学正是对于身体的身体性的美学思考。它试图在审美的领域里凸显由身体性所规定的个体性存在的意义，也就是人的不可替代和不可重复的唯一性，以及由此出发所建立的有关身体性的共生关系。

　　第二，身体在生活和艺术领域如何被表现？

　　人都具有身体。人不仅可以体验和观察自己的身体，而且可以观察和体验他人的身体。但身体的美学现象是如何被经验的呢？实际上，身体的美学现象十分普遍。当代生活中，人的衣、食、住、行就具有广泛的美学意味。衣着不只是为了遮羞和保暖，也是为了美丽；饮食不只是为了充饥和美味，而且也是为了美观；住所除有实用功能外，还强调装饰性；旅行除了达到公共或私人的目的之外，更多的是为了观光。所有这一切都直接和间接地与身体的审美活动相关。

　　但身体的美学意义更多地是通过体育、时装表演、按摩、美容、人体摄影等显示出来，这是由于现代社会中人与世界的观念发生了转变。人们不仅注重物，而且注重人；不仅强调精神，而且强调身体。就身体自身而言，人们追求的不再只是健康，而且也追求快乐。现代社会作为消费社会，主要是推动以人的身体为中心的消费。消费社会流行的大众文化在主体上就是身体的消费文化，它所奉行的娱乐至上原则在根本上是让身体快乐起来。

　　当然，身体最直接的审美表现是在各种形态的艺术之中。有些艺术样式本身就是身体　的直接呈现，如人体雕塑和绘画等；有些艺术样式在很大程度上也是身体的运动，如舞蹈、杂技、戏剧、歌唱、电影、电视等；有些艺术样式虽然既不是身体的直接呈现，也不借助身体的运动，但也描述和表达了身体的活动和感觉，如文学和音乐等。在这种意义上，可以说任何一种艺术都是直接或者间接地关涉人的身体的。没有对身体的刻画，也就没有了关于人的艺术。艺术的一个重要特性就是对身体自身的揭示。

　　但身体是如何在艺术中显示自己的呢？艺术自身是多元的和复杂的。各个民族都有自己的艺术，每个时代也都有自身的艺术。我们在此只是简单地描述身体在中国和西方艺术中的不同特性及其历程。一般认为，中国的传统艺术不直接表现身体，因此没有裸体艺术。这在于中国传统思想对于身体具有一种无法克服的羞耻感觉。羞耻是一种对于边界的意识并且拒绝越过边界。身体表现最大的边界线就是身体自身的遮蔽和显现。对于中国艺术来说，身体只能遮蔽，不能显现。除此之外，各种不同的艺术，如儒、道、禅的艺术对于身体还有更为复杂的规定。儒家强调的身体是礼乐化的身体，道家强调的身体是自然化的身体，而禅宗强调的身体是戒定慧中的身体。与主流艺术对于身体的处理有别，那些非主流的形态，如性爱、色情和淫秽却不仅描述了身体，而且表达了身体的欲望，并主要是性欲，这在明清时期甚至成了一股洪流。

与中国相比，西方对于身体有更坦然的态度，艺术中的身体是敞开的，而不是遮蔽的，因此裸体艺术是西方艺术中一个重要的领域。虽然身体甚至裸体直接在艺术中得以呈现，但不同的时代赋予身体不同的意义。古希腊的维纳斯显现了爱与美的观念；中世纪十字架上的"上帝"不仅意味着道成肉身，而且意味着死而复活；近代蒙娜丽莎神秘的微笑正是人性的光辉的展现；现代艺术的各种身体表现了个人存在的焦虑、无聊和失望等；后现代艺术的身体则是各种欲望机器的变式。这样的艺术历程既表明身体从非身体化存在走向了身体化的存在，同时也表明对于身体的审美从心灵化转向肉身化。

第三，一个作为肉身的身体的审美化是如何形成的？

任何一个人的身体都是父母给予的。身体的自然性当然具有动物性、生理性，甚至具有物质性。但人的身体的动物性在根本上不同于动物的身体的动物性，因此，人的身体区别于动物的躯体。不仅如此，人的身体既是自然的，也是文化的。换言之，身体是在人的生活世界中不断得到塑造的。人自己培育自己的身体，他人也培育了自己的身体，因此身体是不断生成的。下面我们描述一下这一生成过程。

身体的欲望是身体存在的直接表现。人是欲望者，世界是所欲之物。欲望建立了人和世界最原初的关系：人走向世界，并使世界走向人。人最基本的欲望是饮食，也就是吃本能和性本能。吃本能的实现维系了个人的存在，性本能的实现则维系了种族的繁衍。

但任何欲望的实现都必须借助工具。工具作为身体与世界的中介是技术性的。从欲望出发，人所使用的技术主要是两种形态：一个是生产的技术，另一个是生殖的技术。在此基础上，人还使用了各种生活的技术。这种种技术都影响了人的身体。当身体作为手段的时候，它自身已经被技术化了。虽然机械技术和信息技术远离了身体，但它们却成了人的外在的手脚和大脑。于是，身体自身始终被技术所规定。

无论是欲望还是技术，都与"大道"相关。因此身体的塑造依赖于"大道"的指引。"大道"就是智慧和真理，它划分边界，开辟出身体行走的大道。一方面，它为欲望划分边界，指出哪些欲望是可以实现的，哪些欲望是不可以实现的；另一方面，它为技术划分边界，标明哪些技术是可以使用的，哪些技术是不可以使用的。从这个意义上说，身体是在智慧的引导下而成为自身的。

事实上，身体就是欲望、技术和智慧的游戏之所，这三者构建了人的身体。一些人生了，一些人死了，又有一些人生了。如此生生死死，死死生生，生死无穷。身体作为一个偶然性的存在，既是生命的赞歌，也是死亡的挽歌。

在这样的身体的历程中，我们看到了什么？身体是唯一的，即不可替代和不可重复。但正是身体的唯一性建立了自我与他者的关系。任何一个他者都是不同的、有差异的，因而是神秘的。自我与他者关系的不同形态也是通过身体的不同关系表达出来的。日常生活中人与人之间的握手、拥抱、亲吻、爱抚、交媾就是如此。但在所有的身体关系中，男女身体的交往是自我与他者的关系最大的敞开。二者一方面是有差异的，另一方面是同一的。

身体的美就是欲望、技术和"大道"的游戏的显现。它当然是感觉的和被感觉的，甚至也是主体的和客体的。但身体的美从根本上说在于身体自身的表演，也就是说，它是在欲望、技术和"大道"的游戏中显示自身的。

但身体美学的基本问题，最后只是关于身体的审美教育问题。在后现代社会里，身体如何获得审美教育？对此问题的回答，简而言之，无非有三：其一，化欲为情；其二，由技到艺；其三，肉身成道。

（原载《中州学刊》2005年第3期，有改动）

中华旅游小姐大赛评判章程（节选）

二、评判内容

赛区的评判标准主要从选手的体态条件、表演能力和综合素质（才艺及文化测试）三方面进行评判。

1. 体态条件

A. 身体健康情况；

B. 身材、体形、体态、头发、皮肤及五官状况；

C. 神态、步态的自然协调性和总体体态的和谐程度，以及肢体语言的表现力等。

2. 综合素质（才艺及文化测试）

A. 基本技能技巧的掌握程度；

B. 艺术基础水平（包括对音乐、美术、舞蹈和其他艺术形式的感知力）；

C. 旅游知识、历史文化知识、自然常识、思维分析、知识运用能力及对事物的判断力；

D. 文化基础知识水平、英语听说能力及个人综合修养状况等。

3. 表演能力

A. 对泳装、晚装、才艺的表现及编导意图的理解；

B. 对神态、步态造型等技能技巧的综合运用处理；

C. 对舞美、灯光和音乐设计的感知能力及特定舞台艺术氛围中的表演、展示能力；

D. 对化妆、发型、服饰、试装、设计后形象造型的自我认同感和能动表现力；

E. 镜头前的感觉和表现力（包括摄影和录像）及演讲表达能力。

三、评判标准

赛区决赛按百分制计算，设满分为 95 分，其中：参赛选手的基础分占 75 分；体态条件占 5 分、综合素质（才艺及文化测试）占 8 分、表演能力占 7 分。

1. 体态条件

A. 身体健康情况占 1 分；

B. 身材、体形、体态、头发、皮肤及五官状况占 2 分；

C. 神态、步态的自然协调性和总体体态的和谐程度占 2 分。

2. 综合素质

A. 基本技能技巧的掌握程度、艺术基础水平（包括对音乐、美术、舞蹈和其他艺术形式的感知力）占 2.5 分；

B. 旅游知识、历史文化知识、自然常识、思维分析、知识运用能力及对事物的判断力（其中家乡旅游景观和人文历史演讲）占 2 分；

C. 文化基础知识水平、个人综合修养状况占 2 分；

D. 英语听说能力占 1.5 分。

3. 表演能力

A. 泳装、晚装的表现及对编导意图的理解，对神态、步态造型等技能技巧的综合运用处理占 2 分；

B. 对舞美、灯光和音乐设计的感知能力及特定舞台艺术氛围中的表演、展示能力占 1 分；

C. 对化妆、发型、服饰、试装、设计后形象造型的自我认同感和能动表现力占 1 分；

D. 镜头前的感觉和表现力（包括摄影和录像）占 1.5 分；

E. 演讲表达能力占 1.5 分。

第五章

服饰美学

第一节　服装与色彩

色彩与感觉

　　色彩通过眼睛的视觉传递，可以使人的大脑产生联想，使人产生不同的感受。我们的生活中处处充满了色彩。掌握色彩与感觉的关系，有利于我们打造美的生活。

1. 色彩的冷暖感

　　暖色：红，橙，黄；冷色：蓝，蓝紫；中性色：绿，紫，白冷，黑暖。

2. 色彩的空间感

　　暖色向前进，冷色向后退，因为暖色比冷色波长长；亮的有前进感，暗的有后退感；在同等明度下，色彩的彩度越高，给人的感觉就越往前，越低则越往后；大面积的色彩有前进感，小面积的有后退感。

3. 色彩的大小感

　　感觉靠近的前进色，因膨胀而显得比实际的大，故亦称膨胀色；看来远去的后退色，因收缩而显得比实际小，故亦叫收缩色。例如，设计中一般暖色系列的色面积要小，冷色系列的色和暗色面积要适当大些，这样才易取得色彩的平衡。

4. 色彩的轻重感

色彩的轻重感一般由明度决定。高明度具有轻感，低明度具有重感；白色最轻，黑色最重。

5. 色彩的软硬感

色彩软硬感与明度、纯度有关。凡明度较高的含灰色系具有软感，凡明度较低的含灰色系具有硬感；纯度越高越具有硬感，纯度越低越具有软感；强对比色调具有硬感，弱对比色调具有软感。

6. 色彩的兴奋感与沉静感

这与色相、明度、纯度都有关，其中纯度的作用最为明显。在色相方面，凡是偏红、橙的暖色系具有兴奋感，凡属蓝、青的冷色系具有沉静感；在明度方面，明度高的色具有兴奋感，明度低的色具有沉静感；在纯度方面，纯度高的色具有兴奋感，纯度低的色具有沉静感。因此，在暖色系中，明度最高、纯度也最高的色兴奋感最强；在冷色系中，明度低、纯度低的色最有沉静感。强对比的色调具有兴奋感，弱对比的色调具有沉静感。

7. 色彩的华丽感与朴素感

这与纯度的关系最大，其次与明度有关。凡是鲜艳而明亮的色具有华丽感，凡是浑浊而深暗的色具有朴素感。有彩色系具有华丽感，无彩色系具有朴素感。运用色相对比的配色具有华丽感，其中补色最为华丽。强对比色调具有华丽感，弱对比色调具有朴素感。

服装色彩搭配

服装色彩是服装感观的第一印象，它有极强的吸引力。恰到好处地运用色彩的两种观感，不但可以修正、掩饰身材的不足，而且能强调突出人物的优点。如对于上轻下重的形体，宜选用深色轻软的面料做成裙或裤，以此来削弱下肢的粗壮。身材高大丰满的女性，在选择搭配外衣时，亦适合用深色。这条规律对大多数人都适用，除非你身体完美无缺，不需要以此来遮掩什么。

有些人总认为色彩堆砌越多就越"丰富多彩"，于是集五色于一身，遍体罗绮，镶金挂银，其实这样的效果并不好。服饰美不美，并不在于价格的高低，关键在于配饰是否得体，是否适合年龄、身份、季节及所处环境的风俗习惯，更主要的是全身的色调是否一致，是否可以取得和谐的整体效果。"色不在多，和谐则美"，正确的配色方法，应该是选择一两个系列的颜色，以此为主色调，占据服饰的大面积，以其他少量的颜色为辅，以作为对比，衬托或点缀装饰的重点部位，如衣领、腰带、丝巾等，以取得多样统一的和谐效果。

一、服装色彩搭配的基本方法

服装的色彩搭配大致可以分为五大类：相同配色、对比补色、呼应搭配、相似色搭配、点缀搭配。

1. 相同配色

所谓相同配色，就是用色相同的颜色来配色：

（1）上下或内外采用同一颜色，使纯度、明度不一致。例如，墨绿配浅绿，深青配天蓝等。这样搭配，使人显得端庄、高雅。

（2）上下或内外采用同一颜色，并且明度、纯度一致，这样给人以自然、协调之美。

92

2. 对比补色搭配

对比补色搭配是指两个相隔较远的颜色相配。补色之间是相对抗的，如黄色与紫色、红色与青绿色，这种配色过于强烈、醒目。补色间的搭配要注意点缀和过渡，如在红衣绿裙间加一条白色的腰带，就会使人感觉很协调而且不耀眼。

3. 呼应搭配

所谓呼应搭配，就是使服装的颜色内外或上下相呼应。例如，上身穿蓝底红花衣服，下身着蓝色的裤或裙，配以红色内衣、蓝色鞋子和皮包，这样能给人以柔和自然感。

4. 相似色搭配

色学上把色环在 90 度以内的邻近色称为相似色，如蓝与绿、红与橙黄等。相似色搭配，两个色明度、纯度最好错开，这样比较随和。

5. 点缀搭配

即大面积用一种颜色，另外选一种色调小面积点缀，主要是指不同色性的色彩间的搭配。如穿一身黑色的衣服，露出白色衬衣领，这一点点的白色便使整个服装的颜色活了起来，可以起到画龙点睛的作用。

在日常生活中，我们常看到黑、白、灰与其他颜色相搭配。黑、白、灰为无色系，所以，无论它们与哪种颜色搭配，都不会出现大的问题。一般来说，如果同一个色与白色搭配时，就会显得明亮；与黑色搭配时则显得昏暗。因此，在进行服饰色彩搭配时，应先考虑一下你是为了突出哪个部分的衣饰。不要把沉着色彩，如深褐色、深紫色与黑色搭配，这样会与黑色产生"抢色"的后果，令整套服装没有重点，而且服装的整体表现也会显得很沉重、昏暗无色。黑色与黄色是最抢眼的搭配。红色和黑色的搭配，显得非常隆重，但是不失韵味。

职业女性穿着职业女装活动的场所是办公室，低彩度可使人专心致志、平心静气地处理各种问题，营造沉静的气氛。职业女装穿着的环境多在室内、有限的空间里，人们总希望获得更多的私人空间，穿着低纯度的色彩会增加人与人之间的距离，减少拥挤感。

纯度低的颜色更容易与其他颜色相互协调，因而可以使人与人之间增加和谐、亲切之感，有助于形成协同合作的工作局面。另外，可以利用低纯度色彩易于搭配的特点，将有限的衣物搭配出丰富的组合。同时，低纯度给人以谦逊、宽容、成熟感，借用这种色彩语言，职业女性更易受到他人的重视和信赖。

二、各种颜色的搭配原则

1. 红　色

红色象征着温暖、热情与兴奋。淡红色可作为春季的颜色；强烈的艳红色则适于夏季；深红色是秋天的理想色。

浅红色的长裤或裙子可调配以白色或米黄色的上衣，而用深红的胸花别针来点缀上衣，使之与下身的浅红色相呼应；如果是浅红色的格子花裙，可以和深红色的上衣、外套搭配，帽子可以配浅草黄色的，皮鞋和皮包以白色为主。红上衣多配白裙白裤，而红裤红裙子要多配白上衣。大红的外套可与黑色长裤、长裙搭配，但上衣仍以白色最为理想。

穿着红色衣服时，脸部的底色最忌泛黄，所以可以用粉红色的粉底打底，面层与粉底同色或比粉底稍淡的同系色。眼盖膏用灰色，眉化成黑色，胭脂可用玫瑰色，唇膏和指甲油则用深玫瑰色。

脸色苍白的人穿了红色的衣服后，可以使气色看起来稍微红润一些，胭脂打得稀薄一些也无妨；而皮肤黝黑的人，就必须在脸上多打一些粉红色的胭脂，这样才能与红色衣服相衬。

2. 白　色

白色可与任何颜色搭配，但要搭配得巧妙，也需费一番心思。

白色下装配带条纹的淡黄色上衣，是柔和色的最佳组合；下身着象牙白长裤，上身穿淡紫色西装，配以纯白色衬衣，不失为一种成功的配色，可充分显示自我个性；象牙白长裤与淡色休闲衫配穿，也是一种成功的组合；白色褶折裙配淡粉红色毛衣，给人以温柔飘逸的感觉；红白搭配是大胆的结合，上身着白色休闲衫，下身穿红色窄裙，显得热情潇洒。在强烈的对比下，白色的分量越重，看起来越柔和。白色象征着清纯、明快、和平与神圣，最能表现一个人高贵的气质。特别是在夏季，穿着一身白色的服装，给人的感觉会比深色服装更凉爽。若要想穿着白色服装而显得更美，则必须对化妆与配饰的配色多加考究才行。

在配饰方面，蓝色的装饰品（如项链之类）有调和的平衡作用，可使人显得格外年轻、活泼。金属制的项链或胸针与白色服装搭配时，会显得高洁、雅致。

如果要配有色的鞋子时，帽子与手套应仍以白色为宜，而手提袋及装饰性的配件必须与鞋子是同色系的。若是大型的手提袋，还是白色较为合适。因为鞋子、项链、耳环和小提袋等皆属于点缀性的配件，面积较小；而衣服和大型提袋在人的视野中是一大片区域，故应该尽量保持其主体的地位。

当你穿着白色服装时，应该采用深色的粉底来打底，使肤色不至于因为服装的白色调而显得过于苍白。夜晚穿白色衣服时，化妆浓度要比穿其他颜色衣服时稍淡一点，以免因在灯光下的脸色显得太暗，而与身上的白色衣服造成强烈对比。

眼部的化妆应强调立体感，否则在白色服装的映衬下，会显得无精打采。因此，可以通过画上眼线和涂上眼盖膏来强调眼部的神韵。

唇膏宜选用鲜红色、枣红色或橘红色等较深的颜色，不宜用浅粉红色或浅橘黄色的口红，否则在白色服装的映衬之下，会产生贫血似的苍白之感。

总之，穿衣服还是比较清爽一点的好看，只是要注意一下穿着时的配饰和化妆。

3. 蓝 色

在所有颜色中，蓝色服装最容易与其他颜色搭配。不管是近似于黑色的蓝色，还是深蓝色，都比较容易与其他颜色搭配。而且，蓝色具有紧缩身材的效果，可以使身材极富魅力。

生动的蓝色搭配红色，使人显得妩媚、俏丽，但应注意蓝红比例适当。

近似黑色的蓝色合体外套，配以白衬衣，再系上领结，在出席一些正式场合时，会使人显得神秘且不失浪漫。曲线鲜明的蓝色外套和及膝的蓝色裙子搭配，再以白衬衣、白袜子、白鞋点缀，会透出一种轻盈的妩媚气息。

上身穿蓝色外套和蓝色背心，下身配细条纹灰色长裤，可以呈现出一派素雅的气质，因为流行的细条纹可柔和蓝灰之间的强烈对比。

蓝色外套配灰色褶裙，是一种略带保守的组合，但这种组合再配以葡萄酒色衬衫和花格袜，可以显露出自我个性，从而使色彩变得明快起来。

蓝色与淡紫色搭配，可以给人一种微妙的感觉。蓝色长裙配白衬衫是一种非常普通的打扮。如能穿上一件高雅的淡紫色的小外套，便会平添几分成熟的都市味儿。上身穿淡紫色毛衣，下身配深蓝色窄裙，即使没有花哨的图案，也可在自然之中流露出成熟的韵味儿。

4. 褐 色

褐色与白色搭配，可以给人一种清纯的感觉。金褐色及膝圆裙与大领衬衫搭配，可体现短裙的魅力，增添优雅的气息。选用保守、素雅的栗子色面料做外套，配以红色毛衣、红色围巾，可以显得鲜明生动、俏丽无比。

褐色毛衣配褐色格子长裤，可以体现出雅致和成熟。褐色厚毛衣配褐色棉布裙，通过二者的质感差异，可以表现出穿着者的特有个性。

5. 黑 色

黑色是种百搭百配的色彩，无论它与什么色彩放在一起，都会别有一番风情，和米色搭配也不例外。双休日逛街时，上衣可以还是夏季的那件黑色的印花 T 恤，下装就换上米色的纯棉含莱卡的及膝 A 字裙，脚上穿着白地彩色条纹的平底休闲鞋子，整个人看起来格外舒适，还充满着阳光的气息！其实，不穿裙子也可以，换上一条米色纯棉的休闲裤，最好是低腰微喇叭形的裤子，脚上还是那双休闲鞋，依然显得前卫、青春逼人。

明艳的人穿上黑色的衣服，立刻会加倍地光艳照人。对于体型高大、肥胖者，黑色更是一种最具收缩效果的颜色。穿黑色服装讲究的是它的轮廓形状必须非常明显，这样才能使造型突出，使人看起来特别出色。

穿黑色服装时，为了避免全身偏黑，应以其他颜色的配件来缓和单调感。例如，可以配金黄色的围巾、红色的手镯，而皮鞋还是以黑色或深咖啡色比较调和。

如果是上下两截式的装束，更可以和多种颜色相搭配。如黑色的 T 恤，外面罩上红色的半袖外套；也可以在黑色的裙子、裤子的基础上，配以橘色、白色、黄色等较为强烈对比色的上衣。

但有一点要注意，那就是黑色与中间色的搭配并不容易产生好的效果。如果将粉红色、灰色、淡蓝色、淡草绿色等柔和的颜色与黑色放在一起时，黑色将会失去强烈的收缩效果，使人变得缺乏个性。

穿着黑色服装是最需要强调化妆的，因为黑色把所有的光彩都吸收掉了，如果脸部的化妆太淡，那将会给人一种沉闷的感觉。

使用化妆品时，粉底宜用较深的红色，胭脂可用暗红色，眼影可以随意选用任何颜色（如蓝、绿、咖啡、银色等），但应注意眼睛的化妆需有立体、明亮感；而口红宜用枣红色或豆沙红色，指甲油则可用大红色。（注意：粉红色的口红与黑衣服互相冲突，看起来不谐调，应该避免。）

6. 黄 色

黄色属于暖色系统，象征着温情、华贵、欢乐、热烈、跃动、任性、权威、活泼。高彩度黄色为富贵色；低彩度的黄色为春季最理想的色彩；中明度的黄色适合在夏季采用；而彩度深的黄色，则符合秋季的气氛。

浅黄色的纱质衣服很具有浪漫情调，因此不妨作为长的晚礼服或睡衣。

浅黄色上衣可与咖啡色裙子、裤子搭配，也可以在浅黄色的衣服上点缀浅咖啡色的蕾丝花边，使衣服的轮廓更为明显。

浅黄色与白色的色调太过接近，容易产生彼此抵消效果，所以二者并不是一种很理想的搭配。与浅黄色容易造成冲突的颜色是粉红色，而橘黄色与蓝色也很忌讳搭配在一起，因此应该避免。

深黄色较之咖啡色对浅黄色来说，是更为明亮、醒目的颜色。

7. 米　色

米色因其简约与富有知性美而成为职场着装的常青色。与白色相比，米色多了几分暖意与典雅，不夸张；与黑色相比，米色纯洁柔和，不过于凝重。在追求简单、抛却繁复的时尚潮流中，米色纯净、典雅气息与严谨的现代职场氛围相吻合。要想将任何一种颜色穿出最佳效果，必须讲究搭配，米色也不例外。

用米色穿出一丝严谨的味道来也不难。一件浅米色的高领短袖毛衫，配上一条黑色的精致西裤，穿上闪着光泽的黑色的尖头中跟鞋子，就可以将一位职业女性的专业感觉烘托得恰到好处。如果想要一种干练、强势的感觉，那就选择一套黑色条纹的精致西装套裙，配上一款米色的高档手袋，这样既有主管风范，又不失女性优雅。

8. 绿　色

绿色象征着自然、成长、清新、宁静、安全和希望，是一种娇艳的色彩，会使人联想到自然界的植物。不过，绿色本身很难与别的颜色相配合。以非常流行的那种淡绿色来说，除了配白色之外，就不容易找到更理想的搭配色了。

如果穿的是绿色衣服，可以选用白色的皮包和皮鞋，银灰色的搭配效果则次之，其他颜色衣物最好还是少搭配。

穿绿色系的服装时，粉底宜用黄色系，面粉用粉底色或比粉底稍浅的同系色，眼膏宜用深绿色或淡绿色（随服装色彩的深浅而定），眉笔宜用深咖啡色，胭脂宜用橙色（带黄的红色），唇膏及指甲油也宜以橙色为主。

9. 花　色

通常的小碎花布料，可以配上同色系的素色布料，如粉红碎花布接粉红色的袖腕、裙摆等。而大花式的花色衣服，最好改用对比色或白色来配，这样才能使大花纹的优势稍微平衡些。

另外，无论是什么样的花布，如果是两截式的服装，一定要注意其色彩的深浅。若是上身色浅，则下身颜色应该深一些，下身的颜色若深，上身就要浅一些。

花色服装的剪接线不宜太多，除非要衔接素色的切边，否则应该尽量利用花布本身的图案来作为点缀，以剪裁得大方简单为宜。

容貌缺乏个性的少女，在穿着大花服装时，需注意用化妆来补救。应加强在眉、眼、唇等重点部位的化妆，这样才能给人以较深刻的印象。

流行色的预测原理

流行色是客观存在于社会之中的，对于流行色的研究，特别是要预测它的规律，那是十分复杂、十分困难的。对流行色的预测原理，归纳起来以下几种观点。

一、民族习俗论

由于社会、政治、经济、文化、科学、艺术教育、传统生活习惯的不同，人们在气质、性格、兴趣、爱好方面也是不尽相同的，对色彩也会有所偏爱。如红色在中国和东方民族中，象征着喜庆、热烈、幸福，是传统节日的颜色；绿色象征着生命之色；黄色是最明亮光辉的色彩，因此，黄色象征光明和高贵，有超然的趣味。在中国的封建社会里，黄色为帝王所专用；在古罗马，黄色也是帝王使用的颜色。

二、时代主题论

人们处在不同的时代里，有着不同的精神向往。一旦有一些色彩被赋予时代精神的象征意义，适合人们的认识、理想、兴趣、爱好、欲望时，这些具有特殊感染力的色彩就会流行起来。20世纪 60 年代，宇宙飞船上天，开拓了人类进入太空空间的新纪元，这个标志着科学新时代的重大成果一时轰动了世界，色彩研究家们抓住人们的心理，发布了太空与星球色系，以致在一个时期内，太空色流行于世界各地。在现代世界，由于工业的高速发展，环境污染等问题严重，生态平衡遭到了破坏。科学研究上的生态学理论据此兴起。以此为背景，许多国家利用人们要保持生态平衡的心理，提出今后将流行自然色调的观点。

三、自然环境论

人们喜爱什么颜色与所处的自然环境有关。一般而言，处于南半球的容易接受自然的变化，喜爱强烈的色彩；处于北半球的人，对自然的变化反映不很灵敏，喜欢柔和的色调。色彩学者在欧洲地区作了日光测定，发现北欧的日光接近于日光灯光色，南欧的日光类似于白炽灯光色。人们长期在一种光源下生活，就会产生习惯性的爱好。意大利人喜欢黄、红砖色，这是由于意大利的日光偏黄；北欧人喜欢青绿色，这是由于北欧的日光偏青绿色。这说明，自然环境、色彩、太阳光谱成分，都可能对人们的颜色喜好产生影响。

四、生理心理论

人们反复受到某些色彩的刺激以后，不仅在生理上会产生疲劳，而且在心理上也会产生疲倦情绪，就会谋求新的色彩的刺激。流行色一般的流行规律是：长期流行红蓝色调以后，人们会向往绿橙色调；长期流行浅淡色调以后，人们会向往中深色调；长期流行鲜明色调以后，人们会追求沉着色；长期流行暖色调以后，人们会向往冷色调。

五、年龄理论

根据实验心理学的研究，随着年龄的变化，人的生理结构也会发生变化，因此，色彩所产生的心理影响也会随之变化。有人做过统计：儿童大多喜爱极鲜艳的颜色。婴儿喜爱红色和黄色，4～9岁的儿童最喜爱红色，9岁以上的儿童喜爱绿色。7～15岁的小学生中男生的色彩爱好次序是绿、红、青、黄、白、黑；女生的爱好次序是绿、红、白、青、黄、黑。随着年龄的增长，人们的色彩喜好逐渐向复色过渡，向黑色靠近。也就是说，年龄愈近成熟，所喜爱的色彩愈倾向成熟。这是因为儿童刚走入这个大千世界，觉得什么都是新鲜的。简单的、新鲜的、强烈刺激的色彩，会使他们的神经细胞产生得快、补充得快，因而儿童对一切都会产生新鲜感。随着年龄的增长，阅历也会增长，脑神经记忆库已经被其他刺激占去了许多，色彩感觉相应就成熟和柔和些。

流行色与职业

一般而言，体力劳动者喜爱鲜艳色彩，脑力劳动者喜爱调和色彩；农牧区喜爱极鲜艳的、成补色关系的色彩；高级知识分子则喜爱复色、淡雅色、黑色等较成熟的色彩。

第二节　体型与服饰搭配

人的体型差异很大，十全十美的人较少。理想的体型是：躯干挺直，身体各部分的骨骼匀称。如果过胖、过瘦或腿短、肩宽等，则会直接影响个人的形象。如果了解自己的体型缺陷，选择设计自己的服装，就能扬长避短，掩盖体型上的不足，从而美化自己的外在形象。下面详细介绍几种典型的体型与服饰的搭配关系。

1. 高大型身材

身材特点：身体高而魁梧，肩宽胸厚。

身高在 1.85 米以上、肩宽胸厚者，宜选条子衬衫、灯芯绒夹克衫等。上装的款式应袖窄而腋下宽大。裤子不能太松。

2. 瘦小型体型

身材特点：身体单薄，脂肪堆集很少，个子较矮。

为了使身材看上去高大些，最好着简单、明快、贴身、花型、直线型的服装，并可以将上衣适当缩短，以增加下身的长度。尽量减少露在外面的部分，宜穿长袖、长裤、长袖、连衫裙等。

3. 肥胖型身材

身材特点：脂肪多集中于臀部、大腿或双臂上端后部、胸部。

最好着上下一色的深色套装。裤子的长度应略长一些，裤腿应略瘦一些，但衣裤不宜过于紧窄。女士忌穿连衣裙，忌用单调的横条纹。宜穿紧身或束腰服装为佳。

4. 缩颈型身材

身材特点：脖子较短。

如胸围偏大，则应穿设计简单、宽松合体的上衣，衣领不宜用立领、翻领，而应用西装领、低领、"V"字领。如胸围小，则应避免穿紧身的上衣。

5. 粗腰型身材

身材特点：脂肪多堆集在腹部、背胸。

这种身材的人最好选用肩部较宽的衣服，以产生肩宽腰细的效果。女士不宜穿腰间打褶的裙，不宜把衬衫扎进裙子或腰裤中。

6. 短腿型身材

身材特点：上身较长，下身较短。

最好选择上衣较短、裤稍长的服装。腿较粗的人，宜穿上下相同的深色直筒裤、过膝的直筒裙，不宜穿太紧的裤、太短的裙。

7. 斜肩型身材

身材特点：肩部倾斜不平。

斜肩又称为"美人肩"。着装时，应尽量挑选肩部是方型、带肩攀的上装。如果在肩上打些细皱、做成泡泡袖，则效果更佳。

8. 平肩型身材

最好穿套肩袖或连袖式的服装。

9. 窄肩型身材

身材特点：肩膀较窄、脂肪多集中于臀部、大腿。

最好使用垫肩，使肩部看上去宽些；也可以在肩部打褶以增加宽度。着装时，可以选择束腰的服装，以衬托肩部的宽大。忌穿插肩上衣、宽大的外套和夹克衫，忌穿无袖的上装、长而紧袖的上装，忌穿下摆有横条纹衣或裙。宜穿"一"字领、燕子领等轻便衫，或装有肩攀的衬衫、夹克等。

10. 长颈型身材

身材特点：脖子较长。

最好穿领较高的服装。颈短的人可选择无领或低领的款式。可以通过领型的变化，来弥补领过长或过短的缺陷。

第三节　世界著名服装设计师简介

查尔斯·夫莱 戴里克·沃斯

查尔斯·夫莱戴里克·沃斯（CHARLES FREDERICK WORTH，1825—1895 年）。1825 年出生于英国，巴黎高级时装业的创始人。1858 年，他留在德拉派大街创建了自己的时装店。他把新设计的衣服让工作室的漂亮姑娘穿起来向顾客展示、推销，开创了服装表演和时装模特儿（新的职业）的先河。他还创立了自己选购衣料、自己设计、在自己的工作室里制作、雇佣专属自己的时装模特儿每年向特定的顾客举办作品发表会等一系列独特的经营方式，从而形成了现在巴黎高级时装业的雏形。他还是第一个向美国和英国的成衣厂商出售设计方案的设计师，他的成就引来了许多设计师的效仿。巴黎逐渐形成了高级时装行业，确立了"世界时装发源地"和"世界流行中心"的国际地位。

105

简奴·朗万

简奴·朗万（JEANNE LANVIN，1867—1946 年）是巴黎高级时装设计师，生于法国。其浪漫而优雅的服装设计风格吸引了不少顾客，特别是以绘画为题材的"绘画女装"和从中世纪教堂的彩色玻璃画获得灵感的"朗万蓝"十分有名。20 世纪 20 年代，她推出高格调的管状女装；30 年代的代表作有"睡衣式女装""披肩式女装"和兹瓦布式群裤。1926 年，她开设男装部门，开了高级时装店经营男装的先河。

嘎布里 埃尔·夏奈尔

嘎布里埃尔·夏奈尔（GABRIELLE CHANEL，1883—1971 年）是巴黎高级时装设计师，出生于法国。她是 20 世纪最具影响力的设计师。1910 年，她在巴黎的坎朋街开设了一个小小的帽子店，并别出心裁地以当时用来做

帽子的针织物来做衣服。第一次世界大战后，她敏感地抓住社会的变化，设计管子状女装，领导了 20 世纪 20 年代的服装潮流。著名的"夏奈尔样式"就创始于 20 世纪 20 年代。第二次世界大战前，夏奈尔的事业达到顶峰。

克里斯羌·迪奥尔

克里斯羌·迪奥尔（CHRISTIAN DIOR，1905—1957 年）是巴黎高级时装设计师，生于法国。1938 年，在第二次世界大战中参战，退伍后到鲁希安鲁伦店工作。1946 年末，创建"迪奥尔高级时装店"。1947 年 2 月，在首次作品发表会上推出"花冠形"服装款式：带圆味的流畅的肩线，束细的腰身。这种极富传统女性味的优雅作品使迪奥尔一举成名。巴黎的高级时装业再次走向辉煌，迪奥尔领导了后来 10 年间的服装潮流，几乎每个季节他都要推出新的服装造型。在短短的十年间，迪奥尔用他超人的天才和精美的杰作赢得了世界女性的芳心，被誉为"流行之神""时装之王""时装界的独裁者"。

皮尔·卡丹

皮尔·卡丹（PIERRE CARDIN, 1922—   ）是巴黎高级时装设计师，生于意大利的威尼斯。1946 年进入迪奥尔店，参与了"新样式"的设计和制作。1949 年末到 60 年代初，他成为高级时装界前卫派设计师的领导者之一。他推出的"宇宙服风格"，表现的是苏美两霸的太空竞争，预示着人类太空时代的到来。他曾于 1977 年春夏季、1979 年春夏季和 1982 年秋冬季三次荣获"金顶针奖"。而且，在经营方面他也表现出非凡的才华。他也是"冷战"时期最早迈进社会主义国家大门的西方设计师。1979 年，他第一个跨进刚刚对外开放的中国的大门。目前，有 120 多个国家和地区共 19 万人为"卡丹"牌生产近 230 种产品。半个世纪以来，他创造了一个庞大的"卡丹帝国"。1992 年 12 月 2 日，他被接纳为法兰西学院艺术院士。

伊夫·圣·洛朗

伊夫·圣·洛朗（YVES SAINT LAURENT，1936— ）是巴黎高级时装设计师，出生于阿尔及利亚。1954年，圣·洛朗参加国际羊毛局举办的设计大奖赛，以一套黑色鸡尾酒会服荣获女装一等奖。他以此为契机，后来成为迪奥尔店的主任设计师。20世纪60年代的后半期，圣·洛朗使自己的高级时装和高级成衣遍及全世界。1971年春，他推出沙漏形的40年代风格，掀起一阵回归潮。1974年秋，他创造了哥萨克风格，使得民族风格的服装迅速流行。直到现在，他仍是巴黎时装界举足轻重的一位设计师。

森英惠

森英惠（HANAE MORI，1926— ）是巴黎高级时装设计师，生于日本。1951年，在东京新宿创建工作室，在50年代曾先后为600余部电影设计过服装。

107

1963年，在日本创建高级成衣公司。1977年，在巴黎的蒙泰纽大街创建高级时装店，同年加入巴黎高级时装店协会，也是巴黎高级时装店协会这个象牙塔中第一位东方女性。她推出得意之作——蝴蝶图案的优雅女装，给巴黎带来了东方式的奇异时尚。1984年，荣获法国政府颁发的"艺术文化骑士级勋章"。

三宅一生

三宅一生（LSSEY MIYAKE，1938— ）是日本高级成衣设计师，生于日本广岛。1970年，创建"三宅设计事物所"。在设计上，他致力于把东方的文化、东方的服饰观念与西方的经验结合起来。他着意研究自己的民族文化遗产——和服。三宅的设计是从材料开始的，他常常自己动手去纺织、织布，鸡毛、纸、橡胶、塑料等所有可用来织成衣料的东西他都要去尝试，去探寻各种可能性。

穿衣法则

（一）由浅入深。穿衣有三层境界：第一层是和谐，第二层是美感，第三层是个性。

（二）聪明、理智的你买衣服时可以根据下面三个标准选择，不符合其中任何一个的都不要掏出钱包：你喜欢的、你适合的、你需要的。

（三）经典很重要，时髦也很重要，但切不能忘记的一点是匠心独具的别致。

（四）适合自己的就是最好的。

（五）不要太注重品牌，这样往往会让你忽视内在的东西。

（六）衣服可以给予女人很多种曲线，其中最美的依然是 X 形，因为它可以衬托出女性苗条、修长的身段，使女人味儿十足。

（七）应该多花些时间和精力在服装的搭配上，这不仅能让你以 10 件衣服穿出 20 种搭配效果，而且还能锻炼自己的审美品位。

（八）即使你的衣服不是每天都洗，但也要在条件许可的情况下争取每天都更换一下，两套衣服轮流穿一周比一套衣服连穿 3 天会更加让人觉得你整洁、有条理。

（九）选择精良材质的保暖外套，里面则穿上轻而薄的毛衣或衬衫，这样的国际化着装原则将会越来越流行。

（十）绝没有所谓的流行，穿出自己的个性就是真正的流行。

（十一）无论在色彩还是在细节上，相近元素的使用虽然安全却不免平淡，适当运用对立元素，使之巧妙结合，会有事半功倍的美妙效果。

（十二）优雅的衣着有温柔的味道，但对于成熟的都市女子来说，最根本的是高贵和冷静。

（十三）时尚发展到今日，其成熟已经体现为完美的搭配而非单件的精彩。

（十四）闪亮的衣饰在晚宴和 Party 上将会永远风行，但全身除首饰以外的亮点不要超过 2 个，否则还不如一件都没有。

（十五）一件品质精良的白衬衫是你衣橱中不能缺少的，没有任何衣饰比它更加能够千变万化。

（十六）每个季节都会有新的流行元素出台，但不要盲目跟风。让自己变成潮流预报员，反而会失去自己的风格。关键是购买经典款式的衣饰，耐穿、耐看，同时加入一些潮流元素，这样不至于太显沉闷。

（十七）黑色是都市永远的流行色，但如果你脸色不是太好则最好避免，加入灰色的彩色则会既亮丽又不会太跳，不挑人是合适的选择。

（十八）寻找适合自己肤色的色彩。一定要注意服装是穿在自己身上的，而不是白色或者黑色的模特衣架。

（十九）重视配饰，衣服仅仅是第一步。在预算中留出配饰的空间。认为配饰可有可无的人是没有品位的。

（二十）逐步建立自己的审美方向和色彩体系，不要让衣橱成为色彩王国。选择白色、黑色、米色等基础色作为日常着装的主色调，应在饰品上活跃色彩，这样有助于建立自己的着装风格，给人留下明确的印象。而且，由于色彩上不会冲撞，因此可以提高衣服间的搭配指数。

第六章

广告美学

第一节　概　述

广告美学是研究广告艺术表现的美学规律和广告审美心理特征的应用美学学科。它是以广告审美现象为研究对象的。具体来说，它是研究广告的审美属性和广告美的本质特征、广告审美活动中的主客体关系，以及广告的审美创造和审美欣赏、审美批评和广告审美文化的。它是从属于实用美学的范畴，是实用美学中的技术美学在广告领域的延伸与发展，是广告与美学相结合的边缘性学科。它是指导广告创作的基础理论。

从"广而告之"传递信息的角度来看，广告是一种古老的现象。广告是商品交换的伴生物。起初，货主们挑选出质优、色美的样品展示于前，陈列于案，以便顾客加以选择，这反映了他们处于萌芽状态的广告美学意识。随着时代的演进、经济的发展，人们审美水平的提高，广告的内涵与形式被提高到美学的高度。

广告的功用

广告的功用概而言之就是为了传递信息，培育市场，推销产品。就其总功能的具体实现方式来看，其功能又可分为两种类型。

1. 自我张扬型

这类广告以售方为中心，以直接张扬自己的商品的优势为基点，以"王婆卖瓜，自卖自夸""唯我独尊"的方式勾起人们的消费欲。例如，上海自行车厂的广告词是："骑车九十九，还是骑永久"，上海丰华圆珠笔厂的广告词是："丰华丰华，笔中精华"；上海精达电子仪器厂的广告词是："要稳压，找精达"。这类广告宣传的中心是"我卖的东西是最好的"，在某种意义上说是忽视了消费者的。从接受美学的观点来看，如果同类对象反复刺激人们的审美感官而达到某种接受程度上的饱和，就会使人产生一种厌恶、逆反的心理状态。同样，单调的自我张扬式的广告，不仅会使人产生审美中的逆反心理，还会对商品产生怀疑，这样的广告反而会降低宣传的效果。因此，自我张扬型广告是实现总功能的初级表现形式的广告。

2. 关爱型

这类广告以消费者为中心，以消费者是"上帝"的思想为基础，突出为消费者服务的意识，在与消费者的情感交汇中，宣传、树立自己的形象，最终达到推销产品的目的。关爱型广告从不同的角度关爱消费者：有的从使用方便的角度来关爱消费者，如美国柯达公司的广告词："您只需按下快门，余下的一切由我们来做"，显得亲切、体贴，给人以方便轻松之感；有的从情感上打动消费者，如《信息大观报》的广告词借用了电视连续剧的剧名："信息大观：爱您没商量"，幽默诙谐，无形之中就拉近了与读者的心理距离；还有的从公众意识入手，如 1992 年 12 月西昌卫星发射中心发射澳星时，在 97 米高的发射塔架上，悬挂着两幅直落塔底的巨幅广告："泸州老窖成都恩威小霸王西昌卷烟厂向航天人致意，五粮液厂青岛海尔万家乐丹丽洁具祝澳星发射成功"，通过关注公众所关注的方式，与消费者融为一体，并树立大公无私的良好形象。

关爱型广告要充分注意广告的艺术效应，借助于有创意的广告，将其思想性、艺术性、科学性和真实性提高到审美的高度，并以此调动人们的审美情感，让消费者在充满美感的文化氛围中产生消费欲望。

广告的类型

广告作为一种商品信息的载体，从宣传的媒介和手段上，可分为以下几种类型：

1. 平面型广告

其又称牌匾式广告。这种广告要求幅面巨大，常安装在高楼大厦的屋顶或交通要道上。这种广告引人注目，覆盖面宽，且色彩鲜艳，耐久醒目，直观性强。

2. 立体型广告

这是根据广告的三维空间而形成的一种广告类型。它大体可分为两种：一种是由实物广告衍变而来的模型式广告，如用充气模型制作的"巨无霸"商品模型广告；二是条幅式的书写广告，如悬浮气球和商厦上的条幅广告、鱼体飞船两侧的印制广告和电视塔架上涂刷的巨字广告等。这种立体广告，以其硕大无比的体态、标新立异的雄姿，给人以新奇感。

3. 流动型广告

其又称"活广告"，主要是把人或交通工具作为广告的载体，通过人增加广告的生动性，或通过流动性扩大广告的空间范围。前者如商厦的迎宾小姐、电梯小姐、汽车小姐等风姿绰约地向顾客致意，服装模特儿的舞台表演等；后者如广告游行队伍，印刷在公交汽车上的广告，印刷在手袋、阳伞、帽子之类用品上的广告，等等。这种广告强化了广告的主动进攻意识，正如有位作家描写的那样："广告犹如睁开的眼睛，它与你对视着，让你不可忽视了它，而广告'流动'起来，恰似那眼睛向你一次次回眸，在你心中一次次留下深深的印象。"

4．电气型广告

这是指以电为能源的一系列广告形式，如电视屏幕广告、霓虹灯广告、电照灯箱广告等。电视屏幕广告可分为四种形式：一是巨幅组合屏幕；二是以优美的画面和动听的广告词组成的屏幕广告；三是电视直销式广告，通过电视节目主持人采访商店或商店职员介绍某些商品的特点，把产品映现于屏幕，以激起观众的购买兴趣；四是故事性广告，通过一个简洁而又动听的故事，巧妙地将故事与广告内容联系起来。

5．名流型广告

名人广告可以产生不同凡响的影响，可以借助名人的力量提高产品的附加值，可以展示企业的实力，可以增加目标消费群对产品的信任感。1983 年，百事可乐与美国最红火的流行音乐巨星迈克尔·杰克逊签订一个合约，以 500 万美元的惊人代价聘请这位明星为"百事巨星"，并连续制作了以迈克尔·杰克逊的流行歌曲为配乐的广告片。借助这位天王巨星的名头，百事可乐推出了"百事可乐，新一代的选择"的宣传计划，并获得了巨大的成功。名人有自己特定的崇拜者，球星有铁杆球迷，影星有影迷，歌星有"fans"，这些都是名流型广告的社会心理基础。

6．报刊型广告

报刊型广告具有稳定性与长久性。它的宣传效果既与它在报刊上所占的位置与版面成正比，又与它的设计形式息息相关。

7．通信型广告

主要是通过电话或邮件来宣传、推销产品。这种广告比在电视或报纸广告经济实惠，信函中谦恭而客套的内容、详细而具体的商品性能说明，能增加亲切感。

8. 实物直销型广告

这是原始性实物广告中的一个变种。一般是由推销人员带着产品或样品，与消费者面对面地宣传某种商品的性能，甚至留给顾客试用。这是一种被称做"无店铺销售"的方式。随着商品竞争的加剧，这种直销又演变为"实物传销"，即商店请专家讲某种商品的有关知识，对消费者进行商品知识传授和审美教育，并以此培养经销骨干，使其用现身说法扩散该商品的影响，以构成连环套式的销售网络。这种直销式广告对高档商品尤有价值。它把商品同消费者直接见面，便于沟通与品评；同时，消费者由于能够了解商品的性能、特点及使用方法，因而会消除心理疑虑。

114

广告的审美机制

任何一门科学，都有区别于其他学科属性的本质与特征，广告美学亦不例外。这门应用性很强的科学是在美学理论的观照下，被纳入审美机制的。

一、内容与形式的和谐统一

广告的内容美，主要体现为商品反馈的真实性与客观性。广告的形式美体现在色彩的谐调、构图的匀称、线条的流畅、节奏的明快、韵律的悦耳，以及静态与动态的交叉、立体与平面的参照等。广告的内容与形式必须有机结合。

二、埃德玛原则（AIDMA）

AIDMA是消费者行为学领域很成熟的理论模型之一。该理论认为,消费者从接触信息到最后达成购买,会经历这五个阶段:A——Attention(引起注意);I——Interest(引起兴趣);D——Desire(唤起欲望);M——Memory(留下记忆);A——Action(购买行动)

埃德玛原则实际上"研究的是消费者接受宣传而变为购买行动的心理过程"。如果在广告制作中将这种心理过程纳入审美的机制,就会产生辐射力很强的美学效应。

三、实用价值与文化价值相结合

商品的实用价值是指某种产品或服务能满足消费者的某种实际需要,商品的文化价值是指商品能给消费者带来精神享受,提高消费者的文化品位。

真正纳入审美机制的广告,应该是把美与真、美与善、美与质量、美与实用统一起来的结合体。

115

第二节　广 告 词

构成广告艺术形象的因素很多,包括画面、色彩、音响和语言,广告词是其核心与灵魂。

广告词的特征

1. 简洁明快,易诵易记

据研究,对于一则广告,人的兴趣不超过 45 秒,若超过这个时间,人的兴趣就会下降。因此,广告语言更需要简洁凝练,使受众能一看就懂。广告词一定要简洁明快、易诵易记,既要高度概括出商品的特性、功用,又要让消费者一目了然,过目成诵。观众在欣赏的过程中,可以自觉或不自觉地受到广告词的艺术感染。为了达到易诵易记的效果，广告词往往采用口语、对偶等形式。

2. 幽默奇妙，生动有趣

幽默是使广告含蓄隽永的重要方法。具有幽默感的广告诙谐、有趣，使人感到轻松，还能增添回味的情趣，往往能受到广告对象的青睐。如饭店广告："请到此用餐，否则你我都要挨饿了"；美容院广告："请不要同刚刚走出本院的女人调情，她或许就是你的外祖母"。（美国一家美容院广告）

爱迪生在《论洛克的巧智的定义》中说："凡是新的不平常的东西都能在想象中引起一种乐趣，因为这种东西使心灵感到一种愉快的惊奇，满足它的好奇心，使它得到它原来不曾有过的一种观念。"为了达到新奇的效果，广告词往往采用谐音、双关等方法。

3. 个性独特，感召力强

没有个性的广告语言不能吸引受众的注意力，不能在他们的头脑里留下深刻的印象。广告语言应尽量表其所长，使商品与其他品牌区别开来，树立自己的品牌。

4. 含蓄隽永，温馨可人

广告诉求愈具有人情味，愈具有感情色彩，就愈能赢得消费者的情感共鸣，愈能打动消费者。例如，"如强生婴儿香皂，像妈妈的手一样温柔"。强生婴儿香皂这则广告语中采取了婴儿和妈妈相对照的方法，让人们感受到爱意流露。香皂细腻温和，犹如妈妈爱一般的双手的抚摸，可以使消费者获得温馨的感觉。丽珠得乐广告词："其实，男人更需要关怀"。这句诚挚、温情的广告词，给目标受众以莫大的情感慰藉，那些胃病患者在找到胃病良药的同时，似乎还找到了一位真诚的朋友，一位能真正理解和关心他们的朋友。这类广告词之所以受到广告对象的欢迎，不单单是因为它朗朗上口、过目成诵，也不只是因为以新奇取胜，而是因为它把广告对象置于中心位置，怀着一颗爱心同消费者进行感情交流。

5. 善于联系，富有底蕴

好的广告语善于结合产品自身的特点，挖掘文化内涵，从而打动受众，获得大众的心理认同。

经典广告语赏析

好的广告语就是品牌的眼睛，能造就一个品牌。下面我们来来欣赏一些经典广告语。

1. 英特尔——给电脑一颗奔腾的芯

为了突出自己的品牌，从"586"后，电脑的运行速度就以奔腾多少来界定了，而"给电脑一颗奔腾的芯"则一语双关，既突出了奔腾微处理器强劲的功能，又表现了英特尔公司昂扬向上的大气，具有很强的感召力。

2. 雀巢咖啡——味道好极了

这句广告语，简单而又意味深远。以直白的语言让受众不加思考就记住了，"味道"二字更是意味深长。

3. 新飞冰箱——新飞广告做得好，不如新飞冰箱好。

这个广告语的特点在于朗朗上口，明快易记。

4. "百事可乐"——新一代的选择

在与"可口可乐"的竞争中，"百事可乐"终于找到了突破口，它从年轻人身上发现了市场，把自己定位为新生代的可乐。

这句广告语明确地传达了品牌的定位，具有鲜明的个性，并创造了一个市场。

5. "可口可乐" —— 永远的可口可乐，独一无二好味道

在碳酸饮料市场上，"可口可乐"总是一副舍我其谁的姿态，似乎可乐就是可口。虽然"可口可乐"的广告语每几年就要换一次，而且也流传下来不少可以算得上经典的主题广告语，但还是这句用的时间最长，最能阐释可口可乐的精神内涵。

6. 诺基亚 —— 科技以人为本

事实证明，诺基亚能够从一个小品牌一跃成为移动电话市场的第一品牌，正是因为尊崇了这一理念。从产品开发到人才管理，诺基亚真正体现了以人为本的理念，因此，它的口号才喊得格外有力。

7. 大众"甲壳虫"汽车 —— 想想还是小的好

20 世纪 60 年代的美国汽车市场是大型车的天下，大众的"甲壳虫"刚进入美国时根本就没有市场。伯恩巴克再次拯救了大众的"甲壳虫"，提出"think small"的主张，运用广告的力量，改变了美国人的观念，使美国人认识到小型车的优点。从此，大众的小型汽车就稳执美国汽车市场之牛耳，直到日本汽车进入美国市场。

8. 戴比尔斯钻石 —— 钻石恒久远，一颗永流传

戴比尔斯钻石的这句广告语，不仅道出了钻石的真正价值，而且把钻石与爱情联系起来，给人以美妙的感觉。

9. "人头马" XO —— "人头马"一开，好事自然来

尊贵的"人头马"非一般人能享受得起，因此喝"人头马"

XO 一定会有好事。有了这样吉利的祝愿，谁不愿意喝"人头马"呢？

10.鹿牌威士忌——自在，则无所不在

在鹿牌威士忌的广告中，那个鹿头人身的家伙总是一副神情自若的样子，因为他经常喝鹿牌威士忌，那种感觉足以让你羡慕。享受一下鹿牌威士忌吧，自在的感觉你一定也会拥有。攻心的力量常常比精确的描述还有效。

11.麦氏咖啡——滴滴香浓，意犹未尽

麦氏不如雀巢那么直白，但符合品咖啡时的那种意境，同时又把麦氏咖啡的那种醇香与内心的感受紧密结合起来，显得温馨可人。

12.麦氏咖啡——好东西要与好朋友分享

这是麦氏咖啡进入台湾市场推出的广告语，由于雀巢已经牢牢占据了台湾市场，以前那句广告语又已经深入人心，麦氏只好从情感入手，把咖啡与友情结合起来，因而深得台湾消费者的认同。两个"好"既突出了咖啡的品质，有表现了朋友的真情。

13.孔府家酒——孔府家酒，叫人想家

酒巧妙地把"孔府"与"家"连接，既揭示了儒家文化的内核，又充满着伦理亲情。

14.山叶钢琴——学琴的孩子不会变坏

这是台湾地区最有名的广告语，它抓住了父母的心态，从学钢琴有利于孩子身心成长的角度来吸引孩子和父母。

15. 海尔电器——海尔，真诚到永远

一句"真诚到永远"，再加上重视服务，使海尔达到了中国家电业从未达到的顶峰。

16. 德芙巧克力——牛奶香浓，丝般感受

充分利用联想，把巧克力细腻滑润的感觉用丝绸来形容，想象丰富，意境高远。

第三节　广告创作论

USP 论

USP 是由英文 Unique Selling Proposition 的首写字母组成的。简单地说，USP 是一种独特的销售理论，也就是给产品一个买点或恰当的定位。其基本要点是：

（1）每一则广告必须向消费者说一个主张（Proposition），必须让消费者明白购买广告中的产品可以获得什么具体的利益；

（2）所强调的主张必须是竞争对手做不到的或无法提供的，必须说出其独特之处，在品牌和诉求方面是独一无二的；

（3）所强调的主张必须是强有力的，必须聚集在一个点上，集中打动、感动和引导消费者来买相应的产品。

该学说指出，在消费者心目中，一旦将这种特有的主张或许诺同特定的品牌联系在一起，USP 就会给该产品以持久受益的定位。例如，可口可乐是红色，百事可乐为蓝色，前者寓意着热情、奔放，富有激情；后者象征着未来，突出"百事——新一代"这一主题。虽然其他可乐饮料也有采用红色与蓝色作为自己的标准色的，但是，由于可口可乐和百事可乐首先占有了这些特性，因

此其他品牌就难以从消费者的心目中将其夺走。实际经验已经表明，成功的品牌在多少年内是不会有实质上的变化的。可以说，对于 USP 所做的改变也许是广告主一个最大的失误。

USP 学说的基本前提是，视消费者为理性思维者，其倾向于注意并记住广告中的一件事、一个强有力的声称、一个强有力的概念。由此出发，广告则应建立在理性诉求上。具体地说，广告应对准目标消费者的需要，提供可以带给他们实惠的许诺，而这种许诺必然要有理由的支持，因为理性思维者会在许诺上发问：为什么会有这样的实惠？USP 的语法程序就是这样：特有的许诺加理由的支持。

达彼斯重新把 USP 当做传播品牌独特承诺最有效的方法。USP 意味着与一个品牌的精髓相关的销售主张。当然，这一主张将被深深地印刻在消费者的脑海之中。USP 广告不仅要传播商品信息，而且要激发消费者的购买行为。

121

品牌形象论

20 世纪 60 年代，由 D·奥格威提出的品牌形象论是广告创意、策划策略理论中的一个重要流派。在此理论影响下，出现了大量优秀的、成功的广告。

一、品牌形象论的基本要点

1. 为塑造品牌服务是广告最主要的目标

广告就是要力图使品牌具有并且维持一个高知名度的品牌形象。奥格威认为，形象指的是个性，它能使产品在市场上长盛不衰，使用不当也能使它们滞销市场。因此，如果品牌既适合男性也适合妇女性，既能适合上流社会也适合广大群众，那么品牌就没有个性了，成了一种不伦不类的东西。最终决定品牌市场地位的是品牌总体上的性格，而不是产品间微不足道的差异。

2. 任何一个广告都是对品牌的长期投资

从长远的观点看，广告必须尽力去维护一个好的品牌形象，而不惜牺牲追求短期效益的诉求重点。奥格威告诫客户，目光短浅地一味地搞促销、削价以及采取其他类似的短期行为的做法，无助于维护一个好的品牌形象。而对品牌形象的长期投资，可使形象不断地成长丰满。这也反映了品牌资产累积的思想。

3. 品牌形象比产品功能更重要

随着同类产品差异性的减小，品牌之间的同质性增大，消费者选择品牌时所运用的理性就减少，因此，描绘品牌的形象要比强调产品的具体功能特征重要得多。比如，各种品牌香烟、啤酒、纯净水、洗涤化妆用品、服装、皮鞋等都没有什么大的差别。但是，为品牌树立一种突出的形象就可为厂商在市场上获得较大的占有率和利润。奥格威把品牌形象作为创作具有销售力广告的一个必要手段，即在市场调查、产品定位后总要为品牌确定一个形象。

4. 广告更重要的是满足消费者的心理需求

消费者购买时所追求的是"实质利益＋心理利益"，对某些消费者来说，广告尤其应该重视运用形象来满足消费者的心理需求。广告的作用就是赋予品牌不同的联想，正是这些联想给了它们不同的个性。不过，这些联想重要的是要符合目标市场的追求和渴望。"万宝路"之所以知名，实际上不是它的烟味，也不是该香烟的其他什么内在的特性，而仅仅是因为该品牌的形象。具体来说，该商标给消费者唤起的是一些综合的、极为丰富的联想。它们是由虚构的西部地区，到处漂泊的牛仔，自由、独立，大草原、强壮的男子汉等构成的一幅多姿多彩的动感世界。而这些景象正好迎合了许多人的幻想。

二、品牌广告的表现方法

奥格威还提出了一些关于品牌广告的秘诀，如广告的前十秒内使用牌名，利用牌名做文字游戏可以让受众记住品牌，以包装盒结尾的片子较能改变品牌的偏好。而歌曲、太多的短景对品牌偏好及效果较差。幽默、生活片段、证言、示范、疑难解答、独白、有个性的角色或人物、提出理由、新闻手法、情感诉求等是改变消费者对品牌偏好度的十大良好表现手法。

成功的典型案例是大家熟知的"万宝路"（Marlboro）和"可口可乐"品牌形象。美国的快餐品牌"麦当劳"和"肯德基"也分别以"麦当劳叔叔"和"肯德基上校"的形象来体现品牌特点，输入民族性格的符码。

综上所述，无论是 USP 还是品牌形象论，两者都在追求对品牌的确认。不过，USP 立足于理性诉求，而品牌形象论则更多地诉诸情感因素。实质上，任何理性诉求都暗含着情感的因素。这不仅表现在产品提供的实惠给消费者带来的满足会产生积极的情感体验，而且表现在产品的理性诉求往往需要有情绪的激发来补充。比如，雀巢咖啡突出一个"味道好极了"，这是该广告集中于味觉的 USP，而这种 USP 正是通过一个给人好感的模特儿，以其自然潇洒的神态表达出饮后的无限美味感受，给人以强烈的感染力的。

RIO 论

ROI 是一种实用的广告创意指南，是广告大师 W·伯恩巴克创立的、由 DDB 广告国际有限公司制定出的广告策略上的一套独特的概念和主张。其基本要点是：

（1）好的广告应具备三个基本特质：关联性（Relevance）、原创性（Originality）、震撼性（Impact）。

（2）广告与商品没有关联性，就会失去意义；广告本身没有原创性，就会缺乏吸引力和生命力；广告没有震撼性，就不会给消费者留下深刻的印象。

（3）同时实现"关联""创新"和"震撼"是个高要求。针对消费者需要的"关联"并不难，有关联但点子新奇也容易办到。真正难的是，既要"关联"，又要"创新"和"震撼"。见表6.1。

表 6.1　三种特质的创作标准与策略

	关联性	原创性	震撼性
含　义	广告创意的主题必须与商品、消费者密切相关	广告创意应与众不同，其创意思维特征就是要求"异"	广告作品在瞬间引起受众注意，并在其心灵深处引起震撼
创作标准	准（诉求定位要准）	新（创意内容要新）	巧（表现手段要巧）
创作策略	建立和产品、消费者的关系	突出在同类产品中的与众不同，令人耳目一新	通过感受冲击，产生某种共鸣

例如，伯恩巴克曾为金龟车做的一则广告策划，就是一个充分发挥原创力的经典案例。伯恩巴克没有说"这是一辆诚实的车"，而是说这里有一部"不合格的车"，广告画面是一辆车和一个标题"柠檬"（在美国俚语中指的是次品），结果"诚实"的观念反而深入消费者心中。

共 鸣 论

共鸣论主张在广告中述说目标对象珍贵的、难以忘怀的生活经历、人生体验和感受，以唤起并激发观众内心深处的回忆，同时赋予品牌特定的内涵和象征意义，建立目标对象的移情联想；通过广告与生活经历的共鸣作用来产生震撼效果。

　　有这样一则广告：傍晚，一对老年夫妇正在进餐，电话铃响了，老妇去接，回来后老先生问："谁的电话？"老妇答："是女儿打来的。"又问："有什么事？"答："没有。"老先生惊奇地问："没事？几千里地打来电话？"老妇哽咽道："她说她爱我们！"两位老人相视无言，激动不已。这时候出现旁白："用电话传递您的爱吧！"原来这是某电话公司的广告，情意真切动人，令观众产生共鸣。

　　共鸣论最适合大众化的产品或服务，在拟定广告主题内容前，必须深入理解和掌握目标消费者。此类广告通常选择目标对象所盛行的生活方式加以模仿。运用共鸣论取得成功的关键是要构造一种能与目标对象所珍藏的经历相匹配的氛围或环境，使之能与目标对象真实的或想象的经历联结起来。

　　共鸣论侧重的主题内容是爱情、童年回忆、亲情。建立在共鸣论基础上的优秀广告并不鲜见，其影响和传播效果非常出色。2001 年在全国各大电视媒体热播的雕牌系列广告，雕牌洗衣粉运用下岗女工找工作以及懂事女儿理解妈妈，帮妈妈干活的动人场景，配以"妈妈，我能为您干活了"极富煽情的话语，引起了目标消费者情感的共鸣。雕牌牙膏以现今社会热点的单亲家庭，小孩对新妈妈的抵触及新妈妈的真情付出后，小孩最后接受，配以"真情付出，心理交汇"极为动人的广告语，从而引起广大消费者的共鸣。

125

定位论

　　"定位"，英文为 Positioning。定位论是 20 世纪 70 年代由 A·里斯和 J·屈特提出的，主张在广告策略中运用一种新的沟通方法，以创造更有效的传播效果。其基本主张是使某一公司或产品在消费者心目中获得一个位置；广告应将注意力集中在一个狭窄的目标上，并表现出一定的差异性。

广告定位策略既可以从商品本身进行定位，也可以从消费者方面进行定位。

一、实体定位策略

这是指在广告中突出商品实体性内容，如外形、颜色、包装等，即强调本商品与同类商品实体的不同之处，而这些差异能更好地满足特定消费者的需求。

（1）功效定位：突出商品的特异功能和效用。

（2）品质定位：强调商品的良好品质。

（3）价格定位：如果商品的品质、性能、造型等方面与市场上同类商品相近似，没有什么特殊的地方可以吸引消费者时，广告定位则可运用此策略。

二、观念定位策略

观念定位策略是指在广告中突出商品的新意义，以此来改变消费者的习惯心理，树立新的商品观。

（1）逆向定位这种策略是借助有名气的竞争对手的名誉来引起消费者对自己的关注、同情和支持，以便在市场竞争中占有一席之地。美国 ABC 出租车公司为赶超出租车业绩第一名的哈兹出租公司，曾经采用了广泛宣传自己还是第二的广告策略。他们在报纸上刊登这样的广告："到目前为止，我们还处在第二位，所以平时无不倾注全力，为顾客提供最好的服务！"随着广告的不断发布，ABC 公司的知名度、公司的业绩节节上升。

（2）是非定位策略这是从观念上人为地把商品市场加以区分的定位策略。应用是非定位策略取得成功的代表是美国七喜汽水。

三、心理定位策略

这种策略是指顺应消费者心理的变化，以恰当的心理定位唤起消费者的心灵共鸣。

品牌个性论

品牌是指用来识别特定商品和劳务的名称、术语、符号、图案以及它们的组合。借助品牌，消费大众很容易把各类厂家的商品区别开来。个性是由各种属性整合而成的、相对稳定的、独特的心理模式。

众所周知，品牌是企业核心竞争力的直接表现，其建设则是一个系统、长期的沉积过程，非一朝一夕之功。能成奥美广告创始人大卫·奥格威在其品牌形象论中所提出了"最终决定品牌市场地位的是品牌总体上的性格,而不是产品之间微不足道的差异"的著名论述。该策略理论在回答广告"说什么"的问题时，认为广告不只是"说利益""说形象"，而更要说"个性"。

品牌个性论的基本要点是：

（1）在与消费者的沟通中，从标志到形象再到个性，其中个性是最高的层面。品牌个性比品牌形象更深入一层，形象只是造成认同，个性可以造成崇拜。德芙巧克力的广告词是：牛奶香浓，丝般感受。其品牌个性在于那个"丝般感受""的心理体验，能够把巧克力细腻滑润的感觉用丝绸来形容，意境够高远，想象力够丰富。其充分利用联想，把语言的力量发挥到极致。

（2）为了实现更好的传播和沟通效果，应该将品牌人格化，即思考"如果这个品牌是一个人，它应该是什么样子……"（找出其价值观、外观、行为、声音等特征。）

（3）塑造品牌个性应使之独具一格、令人心动、历久不衰，关键是用什么核心图案或主题文案能表现出品牌的特定个性。

（4）寻找、选择能代表品牌个性的象征物往往很重要。例如，"花旗参"以鹰为象征物等。

任何一个占有一席之地的品牌都必须顺应市场的变化，尽可能地创造出让竞争者难以模仿或短时间内难以模仿的个性化品牌。只有独特的品牌个性才可以培育出众多的品牌忠诚者；只有致力于创造个性化品牌的企业，在创新、提升品牌档次和开拓更大市场空间上才能取得更大的成功。

资料链接

著名广告大师简介

1. 李奥·贝纳（Leo Burnett，1891—1971年）

李奥·贝纳生于 1891 年 10 月 21 日，小时就在父亲的干货店里打杂，在一家印刷厂当过小工；长大后教过书，后来进入密芝安大学学习新闻；获得学士学位后，在 Peorla 新闻报当了一年记者。

李奥·贝纳任职的第一家广告公司是 Homer McKee。他在那家公司连续干了 10 年，任资深创意总监。后来，他去了纽约，进入 Erwin Wasey 广告公司，被派往芝加哥 5 年，任创意副总裁。

李奥·贝纳广告公司于 1935 年成立于美国芝加哥，是美国排名第一的广告公司。李奥·贝纳（亚太）集团公司是"2001 年度亚太地区最佳广告公司"。李奥·贝纳广告公司于 1979 年进入中国市场等。

2. 雷蒙·鲁比堪（Raymond Rubicam，1892—1978年）

鲁比堪出生于一破落的大户人家。24 岁时，他去费城的瓦利斯·阿姆斯壮广告公司应征一份撰文的工作。1919 年，鲁比堪转职到爱雅广告公司——当时全美最大的广告公司。在那里，他写了不少好的广告作品（几乎广告作品集里都有），其中包括"永恒的乐器""无价的配方"。

四年之后，他与一位叫约翰·杨的人合作，成立了杨·鲁比堪广告公司。如今，他们公司每年业绩已达 30 亿美元。

52 岁时，他退休后住在亚利桑那，从事房地产投资，兼康具尔肥皂公司的顾问。

3. 史丹利·雷梭（Stanley Resor，1879—1962 年）

史丹利·雷梭生于美国的辛辛那提市。1904 年，他来到宝洁公司，主要任务是推销商品。他特别重视广告中商标名称的安排设计，将其视为广告的灵魂；同时，他还提出应该将中产阶级作为商品促销的重点，因为他们人数众多，又具有颇强的购买力。在推动广告业从混沌状态进入科学领域的过程中，史丹利·雷梭和他的 JWT 广告公司无疑扮演着先驱者的角色，在广告发展史上留下了不可磨灭的印记。JWT 公司早年曾经在雷梭的领导之下，率先将精巧的摄影技术大规模地运用于印刷广告，从而使广告的画面更加美观，这一突破大大提高了广告的促销效果。

4. 亚尔伯特·拉斯克（Albert Lasker，1880—1952 年）

他是一个德国移民的儿子。18 岁时，他在芝加哥的罗德·汤姆斯广告公司并成为最优秀的业务员。20 岁时，他买下罗德·汤姆斯广告公司，并主持这家公司直到 44 年之后退休。

1918 年，他受到泰德·罗斯福的影响，离开广告界四年去做共和党的宣传部部长。

拉斯克尔主张：如果一家广告公司写的文案可以卖出商品，

那就不再需要任何其他东西了。他不相信市场调研，但他曾使罗德·汤姆斯成为世界上最大的广告公司。

5. 比尔·彭贝克（1911—1982 年）

今天，杜利·丹·彭贝克是全世界最大的广告公司之一，营业额超过 10 亿元。

他坚持构想的品质和执行的优异是广告成功的两个要素。他崇拜原始，不厌其烦地说研究是创意的敌人。同时，他主张一个传播人应注意不变的人性；认为创作人员若能洞察人类的本性，以艺术的手法去感动人，他便能成功。

在他精彩的作品中，最受人欣赏的是 Volkswa-gen（大众）和 Avis（艾维斯）。但在包装商品方面，他却不太成功。

6. 克劳蒂·哈普金斯（Claude Clarence Hopkins，1866—1932 年）

17 岁时，哈普金斯在从事传道工作；不久之后，他先后在不同的公司当广告经理，负责销售和广告工作。

哈普金斯发明了强化新产品铺货率、测试行销、用优待券送礼品和文案研究的方法。他主张通过广告测试活动来证明广告效果；非常注重文案的写作；强调广告的故事性，并在广告中完成对人格的塑造。

哈普金斯只对广告有兴趣，在他自传里的最后一行有段非常动人的句子："最接近自然的人是最幸福的，这就是成功广告的根本。"

7. 伯恩巴克（1911—1982 年）

伯恩巴克毕业于纽约大学英国文学系，曾专为社会名流起草演讲稿，其优美的文笔颇获好评。后进入广告公司，曾在格雷（Grey）广告公司任创意总监。1949 年，他与道尔（N·Doyle）

及戴恩（M·Dane）创办了 Doyle Dane Bernbach 广告公司（又称DDB，即恒美广告公司），任总经理。1967 年，他接任董事长，后又任执行主席。DDB 是著名的世界十大广告公司之一。

伯恩巴克被誉为 20 世纪 60 年代美国广告"创意革命时期"的三位代表人物和旗手之一（另两位是奥格威和李奥·贝纳）。他倡导精美巧妙、具有说服力和创意的广告文学，主张"在创意的表现上光是求新求变、与众不同并不够。杰出的广告既不是夸大，也不是虚饰，而是要竭尽你的智慧，使广告信息单纯化、清晰化、戏剧化,使它在消费者脑海里留下深刻而难以磨灭的记忆。"确实，广告只有制造足够的噪声才会被注意,但这些噪声绝非无的放矢、毫无意义。"伯恩巴克最出名的广告作品包括：福斯金龟车——"从小处着想"；AVIS 租车公司——"我们是第二"等。

伯恩巴克有将文案和图片和谐结合的天分，他具有最高行政首脑少有的审美能力。他与其他人不一样，十分尊重美工人员的创作，他对文案及美工不偏不倚，给以同等的地位。他的广告总是那么优雅精致。

伯恩巴克善于让部下发挥他们的才智。他像一位师长，循循善诱，但从不指手画脚；他又像一位朋友，平易近人。他经常走出办公室，和部下平等地讨论。他的办公室的门总是敞开着，公司的任何人都可以进去和他讨论问题。遇到不满意的广告，他总是启发作者自己修改。一位女文案人员在奥格威那儿写的广告很差，但一到伯恩巴克这里就变成了一个优秀的文案人员。

伯恩巴克并没有着意著书立说，他的创意哲学观点大多散见于访谈录、讲演以及给公司内部员工的便条、备忘录和书信中。他的创意观不仅对 DDB 公司的广告风格产生了重大影响，而且形成了一种颇具代表性的广告流派。伯恩巴克强调广告是"说服的艺术"。他说："规则正是艺术家所突破的东西，值得记忆的事物从来不是从方程式中来的"，"并不是你的广告说什么感动了观众，而是你用什么方法去说"，"忘却与永存的区别是艺术技巧"。美国著名的广告史家 S·福克斯曾评价伯恩巴克说："在一定程度上可以说，他是自己时代中最有创造力的广告人。他对 60 年代创意革命的贡献可以说比别的任何人都要多。"奥格威则称他是"创立近代广告的 6 位巨人之一"，并在其《奥格威论广告》一书中特别尊称他为"有智慧的绅士"。

伯恩巴克具有崇高的职业尊严和道德勇气，他在主持公司的 23 年间，没有接受任何一家烟草公司为客户，始终拒绝庞大的广告费的诱惑，坚持不做香烟广告。伯恩巴克为人谦逊朴实，穿着随便，从不夸耀自己的生活。1982 年，伯恩巴克病逝。在此前不久，有人曾问他 80 年代的广告变化会是什么，他回答说："十亿年来，人类的本性从没有改变过，再过十亿年，也是一样。只有表面的东西会改变……一个传播人应注意不变的人性……创作人员若能洞察人类的本性，以艺术的手法去感动人，他便能成功。没有这样，他一定会失败。"

8. 韦伯·扬（1886—1973 年）

韦伯·扬出生于美国肯德色州卡温顿（Covington），他的父亲是保险经纪人。他小学六年级时即辍学当店员；22 岁时成为一家书店的广告经理；26 岁时开始在广告公司做文案人员；1917 年任智威汤逊广告公司纽约总公司副总经理；1928 年后在芝加哥大学商学院任教达 5 年之久，是该学院"广告"和"商业史"课程的唯一教授；直到 1973 年 3 月 5 日逝世，他一直兼任智威汤逊广告公司的董事长及高级顾问。美国新墨西哥大学曾授予他法律博士头衔。1974 年即他去世一年后，他获得"广告荣誉大奖"（Advertising Hall of Fame）这一广告界的最高荣誉。其一生中的近 50 年时间从事广告工作，主要是在智威汤逊广告公司担任创作总监、主管及高级顾问。尽管他还任过政府的大众传播顾问和大学教师，种植过苹果和做过推销工作，但他最投入和引以为荣的是广告业，正如 J·克里奇顿所说的："韦伯·扬本质上是一位广告人。"伯恩巴克将韦伯·扬视为自己的广告偶像，他为韦伯·扬的著作《广告创意的技巧》作序，序中高度评价了韦伯·扬对广告业及创意研究的贡献，称他是一位思想通透的思想家、一位点到即止的沟通大师。文章"简而精"，每每以三言两语就说出了事物的脉络和精髓。奥格威在其著作《奥格威谈广告》中，也盛誉过韦伯·扬的广告文案功力到家，是当年智威汤逊广告公司创作部的"镇山之宝"，是广告史上一位不可多得的文案大师。

与其他几位广告大师相比较，韦伯·扬对广告的贡献不但在于"做"（广告人），而且重视"写"（著书立说）和"说"（广告教育）。

伯恩巴克并未亲自撰写广告著作，奥格威虽然重视总结广告经验，写下了《一个广告人的自白》等有影响的著作，但更自觉而积极地从哲学的高度来探讨和剖析，写出众多广告著作并致力于广告专业教育的是韦伯·扬。他写了几十本著作，其中最重要的著作有两部：

《产生创意的技巧》（A Technique For Producing Ideas，1960）。此书虽然短小（只有几十页），却流传甚广，受到包括伯恩巴克在内的许多广告人的赞誉，伯恩巴克甚至为此书作序说："这本小册子中表达了比其他广告教科书更有价值的东西。"

《怎样成为广告人》（How To Become An Advertising Man，1963）。本书是韦伯·扬半个世纪广告生涯的心血的结晶。作者在书中阐述了他独有的广告观、广告创意哲学以及广告人的使命感、如何成为成功的广告人。全书共 13 篇，涉及的范围广泛，视野宏大。该书最初作为芝加哥大学商学院的广告课教材，后作为智威汤逊广告公司的员工培训教材，是韦伯·扬的代表著作。此外，

《一个广告人的日记》（The Diary of An Anman, 1990）是韦伯·扬去世后出版的一部重要著作。

在广告史上，韦伯·扬扮演了"广告人和教师"的双重角色，他将丰富的广告实践搬上了大学讲台，为培养广告人孜孜不倦地演讲和写书。他的杰出广告思想和影响巨大的广告著作，使他当之无愧于"广告大师"这一称号。

第七章

饮食美学

第一节　饮食与文化

中国饮食与
中国哲学

　　中国人重视饮食，饮食文化构成了中国传统文化的重要组成部分。在中国传统文化中的阴阳五行哲学思想、儒家伦理道德观念、中医营养摄生学说，还有文化艺术成就、饮食审美风尚、民族性格特征诸多因素的影响下，我国劳动人民创造了彪炳史册的中国烹饪技艺，形成了博大精深的中国饮食文化。

一、天人合一

　　"阴阳五行"说是传统思想所设定的世界模式，也被认为是宇宙规律。人是"三才"之一，饮食是人类生活所不可少的，制作饮食的烹饪活动必然也要循此规律。因此，人们不仅把味道分为五种，而且提出了"五味"说，把为数众多的谷物、畜类、蔬菜、水果分别纳入"五谷""五肉""五菜""五果"。"凡饮，养阳气也；凡食，养阴气也"（《礼记·郊特牲》），认为只有饮食与天地阴阳互相协调，才能"交与神明"，上通于天，从而实现"天人合一"。因此，在祭天时，人们要严格遵循阴阳五行之说。这种说法被后来的道教所继承，成为他们饮食理论的一个出发点。例如，道教认为吃食物是增加人体阴气的，如"五谷充体而不能益寿""食气者寿"等，要修炼、要获得阳气，就要尽量少吃，最佳境界是不吃，走"辟谷"的境界。

古代的中国人特别强调进食与宇宙规律协调同步，要根据春夏秋冬、朝夕晦明的变化要吃不同性质的食物，甚至加工烹饪食物也要考虑季节、气候等因素。这些思想早在先秦时期就已经形成，在《礼记·月令》中就有明确的记载，而且反对颠倒季节，如春"行夏令""行秋令""行冬令"必有天殃；孔子说：不时不食。《周易》说："变通配四时。"《内经》说："人禀天地四时而生。"万物莫不是以时间为生存的坐标。因时、因地、因人而异的食物法则，是天、地、人"三才"学说的具体应用。年有四季，在自然条件下，什么样的时令生成合什么时令的东西，什么样的东西便被时令赋予这些东西以不同的属性。"不时不食"是中国饮食文化的基本理念。"西塞山前白鹭飞，桃花流水鳜鱼肥"，"竹外桃花三两枝，春江水暖鸭先知。蒌蒿满地芦芽短，正是河豚欲上时"。合时节的菜味道最好，营养价值最高，且四时之味不同而乐亦不同。

二、中和之美

中和之美是中国传统文化最高的审美理想。"中也者，天下之大本也；和也者，天下之达者也。至中和，天地位焉，万物育焉。"（《礼记·中庸》）中国传统饮食文化特别强调中和之美。因此勿偏饮食，"凡所好之物，不可偏耽，耽则伤身生疾，所恶之物，不可全弃，弃则脏气不均。"

饮食十经

1. 饮食勿偏

"凡所好之物，不可偏耽，耽则伤身生疾，所恶之物，不可全弃，弃则脏气不均。"

2. 食宜清淡

"味薄神魂自安"。饮食要"去肥浓，节酸咸"，"薄滋味养血气"。

3. 饮食适时

"不饥强食则脾劳，不渴强饮则胃胀"；"要长寿，三餐量腹依时候"。

4. 适温而食

"食宜温暖，不可寒冷"；"食饮者，热勿灼灼，寒勿沧沧"。

5. 食要限量

"饮食有节，则身利而寿登益；饮食不节，则形累而寿命损"；"大渴不大饮，大饥不大食"。

6. 食宜缓细

"饮食缓嚼有益于人者三：滋养肝脏；脾胃易于消化；不致吞食噎咳。"

7. 进食专心

"食不语，寝不言"，此有利于胃纳消化。

8. 怒后勿食

"人之当食，须去烦恼"，"怒后勿食，食后勿怒"。良好的精神状态于保健有大益。

9. 选食宜慎

"诸肉臭败者勿食，猪羊疫死者不可食，曝肉不干者不可食，煮肉不变色者不可食。"

10. 餐后保健

"食毕当漱口数次，令人牙齿不败、口香，叩齿三十六，令津满口，则食易消，益人无百病。饱食而卧，食不消成积，乃生百病。"

汉族古代的饮食礼仪

在中国古代，在饭、菜的食用上都有严格的规定，通过饮食礼仪体现等级区别。例如，王公贵族讲究牛宜秩，羊宜黍，象直穆，犬宜梁，雁直麦，鱼宜涨，凡君子食恒放焉。而贫民的日常饭食则以豆饭藿羹为主，民之所食，大抵豆饭藿羹，有菜肴二十余种。凡王之馈，食用六谷，膳用六牲，饮用六清，馐用百有二十品，珍用八物，酱用百有二十瓮。这说明，进献王者的饮食要符合一定的礼教。《礼记·礼器》曰："礼有以多为贵者，天子之豆二十有六，诸公十有六，诸侯十有二，上大夫八，下大夫六。"而民间平民的饮食之礼则"乡饮酒之礼，六十者三豆，七十者四豆，八十者五豆，九十者六豆，所以明养老也"。乡饮酒，是乡人以时会聚饮酒之礼。在这种庆祝会上，最受恭敬的是长者。

礼产生于饮食，同时又严格约束饮食活动。中国古代不仅讲求饮食规格，而且连菜肴的摆设也有规定。《礼记·曲礼》说："凡进食之礼，左肴右胾，食居人之左，羹居人之右。脍炙处外，醯酱处内，葱渫处右，酒浆处右。以脯脩置者，左朐右末。"译成现代的文字，意思是：凡是陈设便餐，带骨的菜肴放在左边，切的纯肉放在右边；干的食品菜肴靠着人的左手方，羹汤放在靠右手方；细切的和烧烤的肉类放远些，醋和酱类放在近处；蒸葱等伴料放在旁边，酒浆等饮料和羹汤放在同一方向。如果要分陈干肉、牛脯等物，则弯曲的在左，挺直的在右。这套规则在《礼记·少仪》中也有详细记载。上菜时，要用右手握持，而托捧于左手上；上鱼肴时，如果是烧鱼，以鱼尾向着宾客；冬天鱼肚向着宾客的右方，夏天鱼脊向着宾客的右方。

在用饭的过程中，也有一套繁文缛礼。《礼记·曲礼》载："共食不饱，共饭不择手，毋抟饭，毋放饭，毋流歠，毋咤食，毋啮骨。毋反鱼肉，毋投与狗骨。毋固获，毋扬饭，饭黍毋以箸，毋捉羹，毋刺齿。客絮羹，主人辞不能烹。客歠醢，主人辞以窭。濡肉齿决，干肉不齿决。毋嘬炙。卒食，客自前跪，撤饭齐以授相者，主人兴辞于客，然后客坐。"这段话的大意是：大家共同吃饭时，不可只顾自己吃饱。如果和别人一起吃饭，就要检查手的清洁。不要用手搓饭团，不要把多余的饭放进锅中，不要喝得满嘴淋漓，不要吃得喷喷作声，不要啃骨头，不要把咬过的鱼肉又放回盘碗里，不要把肉骨头扔给狗。不要专据食物，也不要簸扬着热饭，吃黍蒸的饭用手而不用箸，不可以大口囫囵地喝汤，也不要当着主人的面调和菜汤。不要当众剔牙齿，也不要喝醝渍的肉酱。如果有客人在调和菜汤，主人就要道歉，说是烹调得不好；如果客人喝到酱类的食品，主人也要道歉，说是备办的食物不够。湿软的肉可以用牙齿咬断，干肉就得用手分食。吃炙肉要撮作一把来嚼。吃饭完毕，客人应起身向前收拾桌上盛渍物的碟子交给旁边伺候的主人；主人跟着起身，请客人不要劳动，然后客人再坐下。

中国饮食的主要特色

从历史沿革来看，中国饮食文化绵延170多万年，分为生食、熟食、自然烹饪、科学烹饪4个发展阶段，有6万多种传统菜点、2万多种工业食品，还有五光十色的筵宴和流光溢彩的风味流派。因此，我国有"烹饪王国"的美誉。

具体来讲，中国传统饮食又有如下特点：

第一，风味多样。由于我国幅员辽阔，地大物博，各地气候、物产、风俗习惯都存在着差异，长期以来，在饮食上形成了许多风味。我国一直就有"南米北面"的说法，口味上有"南甜北咸东酸西辣"之分，主要有巴蜀、齐鲁、淮扬、粤闽四大风味。

第二，四季有别。按季节而吃是中国烹饪的又一大特征。自古以来，我国一直按季节的变化来调味、配菜：冬天味醇浓厚，夏天清淡凉爽；冬天多炖焖煨，夏天多凉拌冷冻。

第三，讲究美感。中国的烹饪不仅技术精湛，而且有讲究菜肴美感的传统，注意食物的色、香、味、形、器的协调一致。对菜肴美感的表现是多方面的，无论是个胡萝卜还是一个白菜心，都可以雕出各种造型，独树一帜，达到色、香、味、形、美的和谐统一，给人以精神和物质高度统一的特殊享受。

第四，注重情趣。我国烹饪很早就注重品味情趣，不仅对饭菜点心的色、香、味有严格的要求，而且对它们的命名、品味的方式、进餐时的节奏、娱乐的穿插等都有一定的要求。中国菜肴的名称可以说出神入化、雅俗共赏。菜肴名称既有根据主、辅、调料及烹调方法的写实命名，也有根据历史掌故、神话传说、名人食趣、菜肴形象来命名的，如"全家福""将军过桥""狮子头""叫化鸡""龙凤呈祥""鸿门宴""东坡肉"，等等。

第五，食医结合。我国的烹饪技术与医疗保健有密切的联系，在几千年前就有"医食同源"和"药膳同功"的说法。我国劳动人民利用食物原料的药用价值,将各种食物配制成各种美味佳肴，以达到对某些疾病防治的目的。

第二节　各地的饮食特色

中国的四大菜系

我国的菜系因地理、气候、习俗、特产的不同而形成了不同的地方风味、菜系。从总体上来说，我国菜系大致可划分为鲁、川、粤、苏四大菜系。鲁菜的覆盖范围除山东外，还包括华北平原、京津地区、东北三省以及晋陕等地，鲁菜是北方菜的主干；川菜则以天府之国成都为中心，扩展至长江中上游、两湖、云贵一带的广大地区；粤菜的覆盖范围主要是珠江流域，闽贵也受到影响；苏菜又叫淮扬菜，覆盖范围包括淮河、长江下游的广大地区，沪、杭、宁等城市亦包括在内。

一、鲁 菜

鲁菜，以其味咸、鲜、脆、嫩、风味独特、制作精细享誉海内外。鲁菜十分讲究清汤和奶汤的调制，清汤色清而鲜，奶汤色白而醇。鲁菜具体包括沿海的胶东菜（以海鲜为主）和内陆的济南菜以及自成体系的孔府菜。鲁菜常用的烹调技法有 30 种以上，其中爆、扒技法独特而专长。爆法讲究急火快炒，扒技法为鲁菜独创，原料腌渍粘粉，油煎黄两面，慢火尽收汁。扒法成品整齐成型，味浓质烂，汁紧稠浓。山东是我国古文化的发祥地之一。地处黄河下游，气候温和，胶东半岛突出于渤海和黄海之间。境内山川纵横，河湖交错，沃野千里，物产丰富，交通便利，文化底蕴深厚。其粮食产量居全国第三位；蔬菜种类繁多，品质优良，号称"世界三大菜园"之一。胶州大白菜、章丘大葱、苍山大蒜、莱芜生姜都蜚声海内外。鲁菜历史悠久，影响广泛。古书云："东方之域，天地之所始生也。鱼盐之地，海滨傍水，其民食鱼而嗜咸。皆安其处，美其食。"（《黄帝内经·素问·异法方宜论》）

鲁菜的名菜有"锅塌鱼肚""锅塌黄鱼""清汤柳叶燕窝""清汤全家福""油爆双花""红烧海螺""炸蛎黄""韭菜炒虫圣子""蟹黄鱼翅""原壳鲍鱼""锈珠干贝""麻酱紫鲍""鸡蓉鱼骨"等。

二、川　菜

川菜素有"一菜一格，百菜百味"的说法，其在口味上特别讲究色、香、味、形，兼有南北之长，以味的多、广、厚著称。川菜历来有"七味"（甜、酸、麻、辣、苦、香、咸）、"八滋"（干烧、酸、辣、鱼香、干煸、怪味、椒麻、红油）之说。在烹调方法上，有炒、煎、干烧、炸、熏、泡、炖、焖、烩、贴、爆等38种之多。据史书记载，川菜起源于古代的巴国和蜀国。自秦朝至三国时期，成都逐渐成为四川地区的政治、经济、文化中心，川菜也得到了较大的发展。

川菜的主要名菜有："宫爆鸡丁""麻婆豆腐""灯影牛肉"，"樟茶鸭子""毛肚火锅""鱼香肉丝"等300多种。

三、粤　菜

粤菜有所谓"五滋"（香、松、臭、肥、浓）、"六味"（酸、甜、苦、咸、辣、鲜）之别。其烹调擅长煎、炸、烩、炖、煸等，菜肴色彩浓重，滑而不腻。粤菜的原料较广，花色繁多，形态新颖，善于变化，讲究鲜、嫩、爽、滑。一般夏秋力求清淡，冬春偏重浓醇。

粤菜著名的菜肴品种有"盐焗鸡""蚝油牛肉""烤乳猪""干煎大虾碌"和"冬瓜盅"等。

四、苏　菜

苏菜的主要特点是：选料严谨，制作精致，口味适中，四季分明。在烹调技术上擅长炖焖、烩、窝、烧、炒，又重视调汤，保持原汁，风味清鲜。苏菜适应面广，浓而不腻，淡而不薄，酥烂脱骨，滑嫩爽脆。一般认为苏菜内部分为四大派系：

（1）金陵菜，来自于南京，制作精细，口味平和；善用蔬菜，以"金陵三草"（菊花涝、枸杞头、马兰头）和"早春四野"（芥菜、马兰头、芦蒿、野蒜）驰名。

（2）淮扬菜，来自于扬州、淮安和镇江，讲究选料和刀工，口味清淡，擅长制汤。

（3）苏锡菜，来自于苏州、无锡和常州，常用酒糟调味，擅长各类水产，口味偏甜。

（4）徐海菜，来自于徐州和连云港，口味较重，擅长海产和蔬菜。用料广泛，以江河湖海水鲜为主；刀工精细，烹调方法多样，擅长炖焖煨焐；追求本味，清鲜平和；菜品风格雅丽，形质均美。

苏菜著名的菜肴有"清汤火方""鸭包鱼翅""水晶肴蹄""松鼠鳜鱼""西瓜鸡""盐水鸭""清炖甲鱼""鸡汁煮干丝""鸡汁煮干丝"等。

143

国外迥异的饮食方式

1. 德国：结实

德国人每人每年的猪肉消耗量为 65 公斤，居世界首位。由于偏好猪肉，大部分有名的德国菜都是猪肉制品。德国的食品最有名的是红肠、香肠及火腿。他们制造的香肠种类有 1 500 种以上，并且都是猪肉制品。德国的国菜就是在酸卷心菜上铺满各式香肠及火腿。

德国人喜欢喝啤酒。德国的啤酒品牌数不胜数，有些城市自己就有好几个品牌。

德国菜以酸、咸口味为主，调味较为浓重。德国的乳酪就像中国的臭豆腐一样，越臭越好吃。

2. 法国：原味

法国料理的精神在于突出食物的原味，所加进的任何调味料、配菜，甚至搭配的酒，都只有一个目的：把主要食材的原味给衬托出来。

法国菜在材料的选用上较偏好牛肉、羊肉、家禽、海鲜、蔬菜、口螺、松露、鹅肝及鱼子酱；而在配料方面采用大量的酒、牛油、鲜奶油及各式香料。

法国是世界上盛产葡萄酒、香槟和白兰地的国家之一，法国人对于酒在餐饮上的搭配使用非常讲究。例如，在饭前应饮用较淡的开胃酒；食用沙拉、汤及海鲜时，饮用白葡萄酒；食用肉类时饮用红酒；而在饭后饮用少许白兰地或甜酒等。据说，法国人动脉硬化和心血管病的患病率在欧洲国家中最低，这主要归功于葡萄酒。

近年来，法国菜不断地精益求精，将以往的古典菜肴推向新菜烹调法，并相互借鉴运用，调制时讲究风味、天然性、技巧性、装饰和颜色的配合。

3. 意大利：自然

公元 1861 年，前意大利国土为各皇亲贵族所割据，各地乡土意识高涨，而当时的美食，就是当地的乡土菜。时至今日，春天的嫩芦笋、秋天肥美的松茸，都是意大利最令人垂涎的美食。意大利饮食烹调崇尚简单、自然、质朴，地方菜按烹调方式不同而分成四个派系：北意大利菜系、中意大利菜系、南意大利菜系和小岛菜系。

意大利大多数母亲会在周日做手擀的意大利面及调味酱，并留待冬天享用。意大利菜之所以有"妈妈的味道"，就是因为她们烹饪时采用自己庭院栽种的青菜、自己养的鸡以及在外捕获的猎物，再加上母亲的爱，才制作出如此味美的人间美食。

在意大利餐里，火腿跟红酒一样，讲究年份，放得越久味道越香浓。品质好的火腿收藏得当可以保存 10～12 年，而用来做菜的火腿至少是 3～4 年份的，难怪意大利火腿片可以切得这么薄，且味道恰如其分。意大利虽然不是最大的葡萄酒生产国，但他们与其他南欧人一样独嗜红酒。

意大利面包千变万化，但从口感上大致可分为软式和硬式两种，软式的有牛奶卷、蜂蜜面包、优格面包、玉米面包、香蕉面包等。这些面包爽而不腻，特别适合在早餐食用。硬式面包中除了面粉外还多加了麦麸、裸麦、燕麦、玉米、面粉。做出的健康高纤面包可以拿来当主食佐餐。

4. 英国：平淡

和其他欧洲国家相比，一般认为英国没有自己独特的饮食文化。

英国菜制作方式有两种：放入烤箱烤，或者放入锅里煮。做菜时什么调味品都不放，吃的时候再依个人爱好放些盐、胡椒或芥末、辣酱油之类。

他们习惯烩、烧烤、煎和油炸食物，甚至蔬菜也是这样。对肉类、海鲜、野味的烹调则有独到的方式。而且，他们对牛肉类特别偏好，如烧烤牛肉，在食用时不仅附上时令的蔬菜、烤洋芋，还会在牛排上加上少许的芥末酱；在佐料的使用上则喜好奶油及酒类；在香料上则喜好肉桂等新鲜香料。英国料理名菜有"牛肉腰子派""炸鱼排""皇家奶油鸡"等。

英国人喜欢狩猎，在一年只有一次的狩猎期中，就有许多的饭店或餐厅会推出野味大餐，如野兔、雉鸡、野山羊等。而一般在烹调野味时，均采用杜松子或浆果及酒作调味品，此做法是为了去除食物本身的膻腥味。

英国人对早餐是非常讲究的。英国餐馆中所供应的早餐餐点种类繁多，有果汁、水果、蛋类、肉类、麦粥类、面包、果酱及咖啡等。而时下所流行的下午茶也源自英国，其中较知名的有维多利亚式下午茶，内容可以说是包罗万象，包括各式小点、松糕、水果挞及三明治等。

晚餐对英国人来说也是日常生活中最重要的一部分，他们选择的用餐时间通常较晚，而且都是边吃边喝边聊，以促进用餐人之间的情谊。一顿晚餐对他们来说可能要花上好几个钟头。

在英国当地，有许多人都极爱好喝酒，苏格兰威士忌或琴酒等众所皆知的酒均来自于英国。

资料链接

孔子的饮食观

孔子是我国古代一位伟大的政治家、思想家、教育家。虽然他没有对饮食问题专门著文进行论述，但是他的饮食观仍然是显而易见的。他最早提出了关于饮食卫生、饮食礼仪等的观点，为中国传统烹饪观念的形成奠定了重要的理论基础，同时也客观地反映了春秋战国时期黄河流域的烹饪技术已达到了较高的水平。

一、主张饮食简朴

孔子曾经说："君子食无求饱，居无求安，敏于事而慎于言。"可见，他并不追求饱食终日、无所事事的生活，而追求的是饮食简朴而平凡。他说："饭蔬食，饮水，曲肱而枕之，乐亦在其中矣。不义而富且贵，于我如浮云。"因此，他对于那些有志于学习圣人的道理、但又以吃穿不好为耻辱的人，采取了不理睬、不交谈的态度，即所谓"士志于道，而耻恶衣恶食者，未足与议也"。而对于家境贫寒、箪食瓢饮、居住陋巷、好学不倦的弟子颜回，他则大加称赞："贤哉回也！"意即颜回的品质是多么高尚呀！

二、讲究饮食卫生

孔子提出了许多饮食卫生的原则和鉴别食物卫生的标准，而且阐述精辟，见解独到。这集中载于《论语·乡党》中。例如："鱼

实用美学

馁而肉不食"。食物的颜色变坏了，不吃。"臭恶不食"。气味不好，不吃。"失饪不食"。烹饪当有度、有节，烹饪不当的不吃。孔子的"道"体现在饮食之"礼"中，因而，"败""馁""色恶"及"臭恶"，实指"无道"，而"不食"则体现了他对"正道"的追求。从上可以看出，孔子在其伦理思想的灌注方面，是独具匠心的。在《论语》这样一部阐述儒家伦理思想的著作中，讲到不食馁鱼、败肉，表层的含义，仅仅是指对食物质量的要求；更为深刻的寓意是指孔子对周礼崩乐坏的痛惜及对更为理想的社会秩序的追求。"不时不食"。如果不是进餐时间，不吃。因为吃饭不应时会扰乱肠胃的消化功能。"肉虽多，不使胜食气"。吃饭应以作为主食的谷物为主，吃肉佐饭，要使肉与饭有一个适应的比例；肉太多，饭太少，油腻腻的，是肉气胜于饭气了，二者不相宜。这一点既反映了华夏民族的饮食文化意识，又合乎营养卫生的原理。因为蛋白质和脂肪消化后的尾产物带酸性，吃肉过多的人，由于小肠液和食物中的碱性中和力长期失去平衡，就可能患酸血病；血压高的人吃肉过多更加危险。"唯酒无量，不及乱"。其意为只有酒则没有限制（当时酒的酒精度很低），但应以不醉为度。通过节酒，可以正饮酒之"礼"，进而也有利于道德品行的修养。"沽酒、市脯不食"。集市上买来的酒，多有掺水掺杂质的；集市上买来的熟肉熟菜，往往不清洁，因此都不能吃。这是从卫生的角度出发，与《礼记·王制》所云"衣服饮食，不粥于市"可以互相印证。"不撤姜食，不多食"。每餐必须有姜，但也不应多吃。因为姜味辛，可祛湿解毒，食前吃一点有益于健康和饮食。"食不语，寝不言"。吃饭不说话，睡觉时也不说话，这样不仅吃得雅洁卫生，而且能及早进入梦乡，这自然也是符合卫生原则的。孔子不仅讲究饮食卫生，而且讲究饮食艺术。《论语·乡党》云："食不厌精，脍不厌细。"孔子主张吃饭时，食品应尽可能做得精细；烹制时，肉要切得细致。如此做，一方面有益于健康，另一方面，与周礼中对人的言行的严格要求是有紧密联系的。孔子"食不厌精"的饮食观，体现了中国古代饮食文化中物质和精神的两个方面。孔子是一位杰出的政治家、思想家、教育家，也是一位著名的美食家。这种对饮食烹制的要求，就其严格程度而言，并不亚于他对人的道德修养的要求程度。

三、注重礼仪礼教

孔子论饮食，多与祭祀有关。《论语·乡党》云："祭于公，不宿肉，祭肉不出三日。出三日不食之矣。"为国君助祭后分得的肉食，要当天吃完，不能留到次日；家中祭祀用过的肉超过三天就不吃了。"乡人饮酒，杖者出，斯出矣"。孔子和本乡人一道喝酒，喝完之后，一定要等老年人先出去后自己才出去。"有盛馔，必变色而作"。做客时有丰盛的筵席，神色就应有所变化，并站起来以示感谢。《论语·述而》又云："子食于有丧者之侧，未尝饱也。"孔子在有丧事的人旁边吃饭，从来没有吃饱过。因为服丧者不会饱食，办丧事者应有悲哀恻隐之心。孔子对饮食问题非常重视。他的饮食观完整而自成系统，涉及饮食原则、饮食礼仪、烹饪技术等方面，并为我国的古代饮食理论拓展了思维空间。有趣的是，孔子虽讲究美食，却一生恓恓惶惶，奔走列国，有时候不免忍饥挨饿，经常过不上好日子。但是他的后裔，特别是在明清两代，被封为"衍圣公"的孔子嫡系世袭家族，却真正锦衣玉食，享尽了人间的富贵荣华。尊孔子饮食思想创建的孔府菜，历经灶前桃李花开，已成为中华美食大家族中的一枝独秀。孔府菜是最典型、级别最高的官府菜，具有选料珍贵、烹调精细、技艺高超、形象完美、盛器讲究、菜名典雅、礼仪隆重的特点，这与古齐鲁"雅秀而文"的风气一脉相承，这大概也是孔子的饮食观在当今实践中的运用和发展吧。

（参见《中国档案报》2006-06-09，有改动）

第八章

工艺美学

第一节　工艺与工艺美学

什么是工艺

　　工艺是工艺美术的简称，通常指的是在外部形式上经过艺术处理，从而形成带有明显审美因素的日常生活用品、装饰品的一类实用艺术。它以"工艺"和"美术"的存在为前提，是用美术造型设计与色彩装饰的方法和技巧来制作各种物品的艺术。换句话说，工艺美术是美化生活用品和生活环境的造型艺术。它的突出特点是物质生产与美的创造相结合。

　　工艺起源于人类开始制作工具的时代，是人类起源的直接佐证；同时，工艺美术与社会生产力有直接的联系，它的发展标志着一定时代社会生产力的发展、科学技术的进步和人们物质生活水平的提高。我国工艺美术品的制作较早，如新石器时代已有彩陶，商代以前已有刻纹白陶，商代已有玉器等。

　　工艺的范围广泛，品种繁多，通常可以分为日用工艺和陈设工艺两大类。前者是指经过装饰加工的生活日用品，如花布、茶具、陶瓷、餐具、灯具、绣花织品、编织物、家具等；后者则专指供观赏用的陈列品，如象牙雕刻、绢花、麦秆贴、金银首饰、装饰壁等。另外，按工艺美术材料和制作工艺来分，一般可分为雕塑工艺(牙骨、木竹、玉石、泥、面等材料的雕、刻或塑)、煅冶工艺（铜器、金银器、景泰蓝等）、烧造工艺（陶瓷、玻璃料器等）、木作工艺(家具等)、髹饰工艺（漆器等）、织染工艺（丝织、刺绣、印染等）、编扎工艺（竹、藤、棕、草等材料的编织扎制）、画绘工艺（年画、烫画、铁画、内画壶等）、剪刻工艺（剪纸、皮影等）等种类。随着现代工业生产发展起来的现代工艺美术，则一般按产品对象来划分，可以分为室内环境设计、染织设计、服装设计、日用工业品造型设计、日用陶瓷设计、商业美术设计和书籍装帧设计等。

　　工艺的制作，常因历史时期、地理环境、经济条件、文化技术水平、民族习俗和审美观念的不同而显示出不同的时代风格、民族风格和地域特色。

什么是工艺美学

工艺美学以研究如何按照美的规律进行工艺美的创造以及创作主体、客体、本体、受体之间的关系和交互作用为基本任务。工艺美学是艺术美学和工艺学的重要分支，是建立在工艺学和美学的基础上，探讨工艺领域的美和审美问题的一门新兴学科。工艺美学总是注重现实中美的事物或事物的美的方面，对它们予以肯定、歌颂、充实，或使不美的变为美，而很少去批判它们。

第二节　工艺美学发展概况

　　工艺美术发展的历史，是人类掌握材料的技能和征服自然环境能力不断增强的历史。在漫长的工艺美术创作历史中，人类不仅形成了自身的审美观念和创造意识，而且提高了对各种材料(包括自然材料和人们创造出的材料）的把握能力和加工技术。周而复始地创造和长期的积淀，加速了风格独特的工艺文化的形成和工艺美学的诞生。工艺美术的发展不是孤立的，它与诸多自然和社会因素相关，特别是环境、民族、宗教、时代和科学技术等因素，对工艺美术风格特征的形成和发展产生了极大的影响。工艺美术是人类精神文化与物质文化的结晶，综合体现了人类发展史上各个阶段的美学思想、社会生产及科学文化的成就；同时，也忠实地反映出人类生活方式和审美意识的演变过程。工艺美术是人类文明发展史的一面镜子。

我国工艺美术发展简述

工艺美术是中华民族造型艺术的重要组成部分。我国工艺美术以其悠久的历史、别具一格的风格、高超精湛的技艺和丰富多样的形态，在整个人类的文化创造史上谱写了充满智慧和灵性之光的一章。

在新石器时代的"仰韶文化"出现期间，我国的制陶工艺已经达到了相当高的水平。其中，彩陶最具代表性（见图1）。所谓彩陶，是指一种在质地细腻的器物上绘有红、黑、白等颜色图案的陶器。原始社会的彩陶工艺，在装饰纹样上讲究虚实的变化、黑白的交替、曲直的对比，由此构成了音乐般的节奏和韵律。我国新时代中晚期彩绘陶器的成就突出地反映在黄河流域仰韶文化的半坡类型、庙底沟类型和马家窑文化的马家窑、半山、马厂类型上。这些彩陶的造型与装饰非常丰富，各种类型的彩陶各有特色。继仰韶文化之后的龙山文化，在黑陶方面更注重器物的造型美（见图2）。

图 1　新石器时代的彩陶

图 2　龙山文化时期的陶器

　　夏朝时，我国已经能够制造青铜器。进入商周时期后，青铜业开始兴盛起来。其中，最著名的青铜器工艺品是"司母戊方鼎"，它是迄今为止所发掘出来的最大的青铜器。此外，"四羊方尊"等青铜工艺品也很有名。商周时期的青铜器，造型庄重，装饰对称，还有具有神秘和威严感的饕餮纹，在工艺美学上成功体现了当时奴隶社会对工艺美术的社会要求（见图3）。期间，社会意识和宗教意识使这一时期的工艺美术具有一种崇高的美学魅力。这时期的工艺品象征性很强，纹饰繁复，从商到周有一个逐渐变化的过程：从粗犷向礼文化发展，神秘性变弱。

图 3　商周时期的青铜器

　　春秋战国至秦汉时代的工艺美术显示了我国封建社会早期经济实力和意识形态的发展。西汉是漆器工艺的发展和繁荣时期。装饰纹样的题材丰富，并采用线描、针刻、鎏金、镶嵌等多种新技艺，使线条曲折萦回，流畅不滞，图案瑰丽；理性主义精神的崛起和高扬，使指向实用功利和现实人生的价值追求，与承继原始文化传统的、充满激情和浪漫色彩的形式有机统一。由此产生的轻巧活泼、飞动奔放、雄强古拙的美学特征，在陶瓷、漆器和丝织品上得到了充分的表现（见图4、图5）。我国春秋末年的《考工记》是世界上最早的工艺学理论文献之一，是我国先秦时期手工艺方面的专著，部分地反映了当时我国所达到的科技及工艺水平。

图4　（战国）青釉弦纹把尊　　　图5　（汉代）香炉

　　三国两晋南北朝时期，在政治、经济、军事、文化和整个意识形态上的转折，使得工艺美术的生产格局和价值追求发生了变化。生产中心逐渐由北方移向南方，工艺造物趋向内在人格和心性的显示。这一时期崇尚主体人格精神的造物倾向和空疏、清静、平淡的审美风格，深刻地影响了我国工艺美术的整体发展进程。青瓷（见图6）、建筑物件和宗教工艺美术在这一时期取得了突出的成就。

我国工艺美术在初唐和盛唐时获得了全面发展，呈现出一派繁荣的景象。织锦、印染、陶瓷、金银器（见图7）、漆器和木工等的技艺水平和生产规模都超过了前代。唐代的装饰，一改以前以动物纹占主导地位的传统特点，开始面向自然生活，

图6 （南北朝）青瓷·四系罐

富有浓厚的生活情趣；摆脱了拘谨、冷静、神秘、威严的风格，使人感到自由、舒展、活泼、亲切。唐三彩是一种盛行于唐代的陶器，因以黄、褐、绿为基本釉色，故后来人们习惯地把这类陶器称为"唐三彩"（见图8）。

图7 唐代金银器

图8 唐三彩

我国古代工艺美术比较完美的范式和境界出现在宋代，并集中地表现在陶瓷上，且崇尚理学，所以宋代是一个重理性的时代。在工艺美术风格上，它具有内蕴恬淡、雅洁的特点，具有理性美。在造型上，端庄大方，令人寻味；色调多用冷色，青、绿、褐、黑等，有宁静感；装饰常采用富有理性的规则几何纹（见图9）。

元代的工艺美术风格趋向粗犷、豪放和刚劲。元代陶瓷的主要成就是青花和釉里红的烧制（见图 10）。

图 9　宋代汝窑瓷器

图 10　元代青花瓷器

明朝是我国历史上又一个强盛的朝代。资本主义因素的萌发以及与此相适应的新的文化知识和科学技术的产生，促使明代工艺美术跨入一个新的阶段，织锦、棉纺、陶瓷、漆器、金工、家具和建筑装饰等门类都得到了较全面的发展。明代是我国工艺美术民族风格发展的成熟期。明初有复古之风，师法唐宋，但又受元朝的影响，其风格既不同于宋的纤巧工细，又不同于元的粗犷豪放，而具有质朴、敦厚的特色。其中以家具为典型代表，很值得借鉴（见图 11）。明代工艺美术承继了宋以来的美学风格，并向程式化和完善化的方向发展，具有端庄、简约、健实等审美特点。

图 11　明代家具

明代宋应星的《天工开物》被誉为"中国 17 世纪的工艺百科全书"，蕴涵丰富的工艺美学思想。明代黄大成的《髹饰录》，系统阐述了漆艺的基本原理，制定了"巧法造化，质则人身，文象阴阳"三法则和"二戒""四失""三病"的工艺制作原则，这已经涉及了工艺美学的有关内容。

清代工艺美术主要包括陶瓷工艺、染织工艺、金属工艺、漆器工艺、家具工艺及民间工艺等，其中最突出的是民间工艺。清代民间工艺的种类繁多，其中蓝印花布及年画最有特色，深受广大群众的喜爱，具有一定的普遍性。蓝印花布是印染工艺的一个品种，工艺制作除人工手绘外，已有了花版，并设有专门的作坊，后来发展到彩印花布。这种工艺图案主要以吉祥图案为主，有花草、鸟蝶、鹊梅、狮球、凤凰、牡丹等。年画的艺术风格朴实，很多地区都有制作，其中以天津、苏州及山东等地更突出，至今我国某些年画仍保留着清代的艺术风格

图 12　大幅清代年画

（见图 12）。清代民间艺术还有风筝、剪纸、泥人、面塑等内容，这些都代表了我国古代民间艺术的最高水平，并取得了巨大的艺术成就。当然，清代民间艺术的整体内容仍是以传统工艺为主体的，其中清代陶瓷、玉雕、家具等工艺美术取得了一定的成就，不同程度地代表了这一时期工艺美术的基本水平。

在我国古代的工艺美学思想中，人们大多十分重视不同工艺种类的特性，从而发挥各自的特点，创造工艺美。材料是体现工艺美的物质条件，所以，在古代许多有关工艺的著作中，都把注意材料的性能和运用放在十分重要的地位，即所谓"工以理材为难"。所谓理材，就是利用材料和改造材料。各种不同种类的工艺，由于材料、性能的不同，因而需要运用不同的理材过程，以体现工艺美的效果。例如，陶瓷、染织、金工和木工、玉工、石工就

各有区别。陶瓷、釉料、胎土，印染的配色，金工的合金，经过物理的或化学的处理后，往往会产生与原材料完全不同的新的艺术效果。

1840年鸦片战争之后，我国工艺美术的生产格局、产品结构、工艺思想和艺术风格都呈现出新的面貌。衰败与新生、模仿与创造、恪守与分化，构成了近现代我国工艺美术的基本景观。承袭清代形制的传统工艺在现代工业文明的冲击之下迅速衰落，而适应新时代要求的现代工艺美术则迅速崛起，并得到蓬勃发展。清新、简洁、明快的现代工艺美术诠释着一种崭新的文化形态和内涵，因此它与传统工艺美术的差异是极为明显的。现代工艺美术的产生和发展，为我国工艺造物活动开辟了新的领域，并树立起了新的审美倾向和价值标准（见图13、图14）。

图13　包装设计

图14　现代玻璃手工艺

国外工艺美术发展简述

下面以古代非洲（古埃及）、古希腊、古代美洲以及工艺美术运动为例，简要介绍一下国外工艺美术的发展情况。

1. 古代非洲的工艺美术

古代非洲工艺美术为人类文化宝库增添了不可或缺的内容，特别是伊费、贝宁的青铜工艺和扎伊尔、马里、象牙海岸的木工艺，其独特的艺术风格和精巧的制作技艺，令世人为之倾倒。

2. 古埃及的工艺美术

古埃及艺术的特点主要是：把规整的几何形式与对自然的犀利观察相结合；讲究稳定性、纪念性（见图15、图16）。

图15 （古埃及）阿蒙内莫普的手镯

图16 （古希腊）银器

3. 古希腊的工艺美术

古代希腊奴隶制的民主制度是引起工艺美术繁荣的社会基础。古希腊的陶器与中国奴隶社会的青铜器同样是奴隶社会的工艺美术表现载体，但中国古代青铜器充满着威严和冷峻之感，而希腊陶器则展现出轻盈活泼、生机盎然的风采。这主要是由希腊特有的民主制度决定的。比起东方奴隶主专制制度来，古希腊人的创造力较少受到压制，艺术匠师们的劳动受到了较多的重视。

4. 古代美洲工艺美术

古代美洲工艺美术的发展和演变体现了当时的历史、文化、经济和宗教的发展情况和水平，自然而平凡地反映了人性中淳朴的情感。与他们悲壮而奇诡的大型建筑和雕刻相比，工艺美术的创作充满了质朴善良的愿望和天真欢快的生活气息。古代美洲工艺美术具有一定的宗教性质，除了充满着巨大的活力外，还展现出了庄严肃穆的风采，表现了美洲大陆特有的艺术风貌和一定的原始特征。

5. 工艺美术运动

工艺美学真正成为一门独立的学科，是在 19 世纪后半叶英国威廉·莫里斯和"艺术与工艺运动兴起"之后，而在我国则从 20 世纪 80 年代才开始有人研究。

工艺美术运动是从 1851 年在伦敦的水晶宫中举行的世界博览会开始的。这场运动的理论指导者是作家约翰·拉斯金，而运动的主要人物则是艺术家、诗人威廉·莫里斯，他与艺术家福特·布朗、爱德华·柏恩·琼斯、但·罗西蒂以及建筑师飞利浦·威伯共同组成了艺术小组拉菲尔前派。他们主张回溯到中世纪的传统（见图 17、图 18），同时也受到刚刚被引入欧洲的日本艺术的影响。他们的目的是倡导诚实的艺术观念，恢复手工艺传统。他们的设计主要集中在首饰、书籍装帧、纺织品、墙纸、家具和其他用品上。他们反对机器美学，主张为少数人设计少数的产品。

159

图 17　工艺美术运动理念的椅子　　**图 18　服装设计也受到工艺美术运动的影响**

在工艺美学领域，外国还有不少关于形式法则的研究，其中包括对实验美学的探讨。例如，关于著名的"黄金分割律"的研究和由此引申出的关于矩形、涡线、级数、律的研究，方形、圆形、三角形等三原形的研究，以及"桑齐原型"的组合问题。20世纪60年代以来流行的"欧普美术"，或称光效应美术，是利用几何线形所产生的视幻觉的种种变化来进行设计的。以上这些对我们在造型和装饰的设计意象方面具有启发作用。

在世界传统工艺美术产业的发展过程中，各国的传统工艺精品一直活跃其中。"只有民族的，才是世界的"。目前，很多国家都很重视民族民间传统文化的保护，除了根据本国的实际情况确定各自的保护制度外，还采取了多种方式及举措来发展本国的优秀传统工艺与文化。历史在前进，生活在发展，工艺美的形式和内容也在不断革新，不断提高，不断丰富。例如，现代科学技术的进步，给我们提供了宏观世界和微观世界的工艺形象资料，开拓了更新工艺美术的领域。当代工艺美术和传统工艺美术有一种内在的承接性，当代工艺美术和当代艺术的发展步调基本一致。当代艺术注重个性表达和艺术精神，使得当代工艺美术超越了实用功能，成为一种"当代艺术形态"。门类界限的淡化使得当代工艺美术抛弃了传统的规范性，实现了创作手段的多样化，"颠覆和实验"的特性更催生了当代工艺美术风格的丰富多彩。

第三节　工艺美术的审美特征

工艺美术一方面要符合特定的功能要求，以舒适和安全为目的；另一方面，通过外部形式传达、展现出一定的情绪、气氛、格调、风尚和趣味，以满足人们的审美需要。作为物质生产和艺术生产高度统一的工艺美术，其审美性主要体现在造型美、纹饰美、色彩美、材质美、技术美五个方面。特别是造型美尤为重要，因为所有的美都要靠它承载。造型主要是指工艺美术品的基本形态和结构。人们利用对比与和谐、比例与尺度、对称与均衡、节奏与线条等形式美法则，针对所用材料的特点进行造型，设计出或平面的或立体的形式；之后借助色彩和纹饰，进一步传达人对美的理解，在潜移默化中陶冶情操，丰富精神世界。

实用性与审美性的有机统一

从出土的石器时代的文物来看，原始人的工具上常常有各种物体形或几何形的装饰，因其加工精美，我们很难分辨出它们究竟是工具还是工艺美术品。因此，我们认为工艺美术起源于人类开始制造工具的时代。从某种意义上来说，工艺品首先是实用的，然后才是美的。例如，不能照明的台灯，不能书写的钢笔，无论其外形装饰得多么精美，都是没有审美价值的。正因为这样，许多陈设工艺在设计上就向实用的方向发展，如装饰用大型插屏可兼作挡风和分隔大型厅堂的屏风。但这并不否认单纯装饰用的工艺美术品的存在与发展。从广义上说，装饰用的陈设工艺，其装饰功能的发挥就是它的实用性的一种体现。由此看来，日用工艺品的审美价值主要是通过实用性的发挥得以完美体现的。而对陈设工艺品来说，它的实用性正是通过审美价值显示出来的。在这里，"实用"是具体的，"美"是抽象的，这种"具体"和"抽象"的对立与统一，使得许多工艺美术品能历经世事沧桑而永葆其环境的、历史的、社会的美的形态和意念的青春。毋庸置疑，实用与审美相结合，是工艺美术本质的、首要的特征。例如，傣族自制的竹筒酒杯、茶杯，有盖，盛酒于中而不滴漏；可随身携带，亦壶亦杯，适于外出时使用。它显然较市场上一般的酒壶、酒杯方便得多。且不说傣族竹筒酒杯的光华与秀美，光是那为防干裂而以细篾条编织的深棕色腰箍，其精巧的工艺和简洁、质朴的风格，就令人联想起傣族清雅的民族服饰。由此可见，工艺美术品不仅是物质的实用品，而且是富有个性的精神艺术品，是实用和审美功能的统一体。

此外，工艺美术品的审美性还受工艺种类、特性的制约。各类工艺品的审美价值如何，在一定程度上就看这类工艺品的特征是否得到完美的发挥。例如，雕刻是刀锉的艺术，必须根据不同的材料采取不同的运刀方式、选用合适的工具、运用多样的刻镂技巧来完成雕刻制作。因此，当我们在鉴赏工艺美术作品时，必须看其工艺特征在制作过程中，在受材料、工具、制作水平的限制的情况下发挥的程度，发挥的程度越高，其工艺美学价值就越大。工艺美的效果不在于所用材料的贵贱。一颗金刚石、一块纯金、一支象牙就其经济价值而言确实很高，但从工艺美学的视觉来看，如果它们没有经过工艺创作，那么，它们也就同一颗核桃、一块胶泥、一根竹子一样谈不上什么美学价值。因此，工艺美术作品要视其材料是否合理、是否充分地被利用以及被改造的水平来鉴别优劣。例如，石料的颜色不纯，或许是因为原材料存在严重的缺陷，而这有时可以使一件即将完成的雕刻工艺品毁于一旦。现代雕刻家王鲁桓的印纽雕刻作品，正可以说明这一问题：艺术家把印石上的墨绿色斑痕，雕刻成栩栩如生的甲虫，从而化弊为利。对于这一处理，美学家王朝闻评价说："如果不是像他这样由墨绿色的斑痕引起'剥出'一只甲虫的灵感，而把刻好的甲虫胶合在不同颜色的石材上，不论他的刻制技术多么高明，也难以引起观察者的惊叹。作者依靠自己那种被动中求主动，变缺点为优点的才能和智慧，服从同时又突破了原材料的局限性，表现了艺术家的才能。"因此，对原材料运用、改造的合理与充分的程度，直接影响着作品的审美效果。工艺制品的协调感体现在色彩和谐、大小适度、布局合理及其与环境的恰当搭配等方面，这是工艺美的高级境界，即通常所强调的"宜"。所谓宜，就是指和谐、适应、合理。在工艺制作方面，古代的工艺美学观注重"致用"，主张"利人"，正所谓"百工者以致用为本"。用现在的话来说，就是实用第一。

工艺形象的象征性特征

工艺品强调物用的感官愉快与审美的情感满足的联系，同时要求这种联系符合伦理道德规范。工艺造物通常含有特定的寓意，往往借助造型、体量、尺度、色彩或纹饰象征性地喻示伦理道德观念。它一般不是再现、模拟客观对象，即使以现实对象造型，也是把对象当做情感的外在形式。所以，工艺美术品是人的本质感情对象化的产物。《红楼梦》中的妙玉，给贾母的茶杯是成窑，给黛玉的是犀杯，给宝玉的却是自己用的绿玉斗。这种细微的差别体现了角色评价，也体现了审美评价。

163

因此，我们只有透过工艺形象的外在形式去理解作品的内在情感，才能找到领悟象征意蕴的基本途径，品鉴作品的崇高美。工艺形象的象征性还与历史的、社会的因素有关，只有把作品放在历史的、社会的大背景中，才能更准确地品鉴工艺品的象征意蕴和崇高美。例如，工艺美术品中的一些孤品、珍品之所以被视为无价之宝，除了材料质地与工艺水平等因素外，正是因为历史的、社会的因素赋予了这些作品准确、深刻、普遍和特有的象征意蕴与崇高美。在我国古代工艺制品中，有许多鼎。从实用价值来看，它是一种炊器，也可用作烹人的刑具和炼丹煮药的用具。鼎的另一重要用途是作为立国的重器，是一种权利的象征；鼎在奴隶社会十分盛行，这是与当时礼仪等级的威严性相适应的。体现这个时代精神的青铜艺术之所以至今仍为我们推崇、赞赏，不正是因为它们体现了这种被神秘化了的客观历史前进的超人力量吗？正是这种超人的历史力量,构成了青铜艺术的狞厉美的本质。今天，这保留着人类社会童年气派的，天真、拙朴、神秘、狞厉美的鼎，向人们展现出了一个时代的特征，显示了后来者无可企及的崇高美。工艺形象的象征性，与其他门类的文化艺术及民族的审美习惯也有关系。例如,《西游记》里的孙悟空、猪八戒常成为瓷雕、泥塑的"头面"人物。在姹紫嫣红、琳琅满目的民间工艺品中，"龙凤呈祥""吉（鸡）庆有余（鱼）""麻姑献寿""天女散花"等一些象征喜庆、吉祥、延年益寿、幸福和平的题材常被反复表现，而且备受欢迎。究其原因，除了各自的技艺特长在匠人手中被充分展现外，关键是这些作品的美好象征意蕴能被广大人民群众所理解和接受，表达了人们的审美理想。又如，民间工艺品子孙桶，又称子孙宝桶，是保佑子孙万代、多福多寿多喜庆的吉祥物。以前它与子孙对碗、红木箱柜一起成为姑娘的嫁妆三宝，陪嫁时必不可少。随着历史的演变，子孙桶已渐渐淡化了实用价值，成为一种象征性的精美工艺品。笨重的红木箱柜也演变成了小小的工艺首饰盒，这子孙碗也用不同的材质做成了各种精美的工艺品，而子孙桶不仅是娘家陪嫁的必备品，而且成为馈赠亲友以及家庭装饰的佳品了。

此外，在工艺品中有许多作品并没有直接的象征意蕴，而是作为单纯的装饰品，它反映了人们的一种审美要求；那些达到出神入化境界的技艺也使人感悟到了工艺师勤劳、严谨的作风和坚忍、刚毅的精神，间接地让鉴赏者受到一种智慧与力量的熏陶。这些作，在表现工艺师精湛技艺与非凡才智的同时，象征着人的伟大的创造精神。从这个意义上说，它们所表现的高超的技艺美同样是崇高的。

总之，只有从各个不同的方面，联系历史的、社会的、民族的等方面的因素，才能更好地认识工艺品的象征意蕴，领悟通过这种意蕴所表现出来的工艺品的崇高美。

工艺美术的
材料美和色彩美

材料美和色彩美是工艺美术的两个审美视角。了解这两种美的特质，有助于我们更好地品评工艺美术品的美学价值。

一、工艺美术中的材料美

精美、合适的材料加上绚丽、适宜的色彩，就构成了工艺美术品外观美的基础。材料是体现工艺美的物质条件，历来受到工艺美术家的重视。有的根雕艺术家为了找到合适的树根，会不辞辛劳地去刨土、挖掘，足见艺术家对这个"物质条件"的重视。工艺品的种类繁多，可制作工艺品的原材料也极丰富，我们应怎样去鉴赏工艺品的材料美呢？

首先，对工艺品艺术价值的品评是不以材料论贵贱的。名贵罕见的钻石、贱若敝屣的树根、细如纱线的发丝都可用来制作工艺品。灯草、布片、泥土、纸张在工艺师眼里都能成为宝贝。我国用皮毛边角料制作的各类毛绒小动物已进入国际市场，获得了消费者的好评。在贵贱不一的材料中，晶莹的玉石、坚实的青铜、质朴的泥土、充满活力的羽毛以及富有轻柔美的灯草、柔韧美的竹子、庄重美的木头、纯净美的象牙等，都因表现了不同材料的不同个性特征而具有美的意味。我们可以设想一下，一块美玉，若置于乱石之中，一定非常引人注目。仅从外观上来看，它质地细腻，颜色鲜艳，折光强烈，纹路优美；若悬而扣之，则会发出美妙的声音。它美得神奇，美得动人心弦，这是一种天然的美。当工艺品材料的个性特征得到恰如其分的表现时，材料就会被认为是美的。例如，当今受到群众喜爱的丝绒画挂屏，就是充分运用丝绒质地柔、厚、亮的立体效果而创造出来的。这种画借助材料本身的美感，在作为厅堂或房间的装饰时，显得格外高雅、脱俗。

当然，民间制作工艺美术品时，材料不可能有严格的规定和选择，只要能用就行，木、石、泥、布、草、竹、麻、柳，甚至玉米叶、高粱秆都可充作材料。因为材料多取自原生，因材施艺，所以风格尤其显得特别。蜡染原料仅土布、蓝靛和蜂蜡，染漂后纹样即呈现出其他染织物所没有的不规则冰裂断状，从而使其风格虽质朴而不显得呆滞。蜡染原在苗、瑶等少数民族地区流传，其技艺世代相传，题材亦与其生活环境有关；纹样具有地方特色，除本民族固有的纹样外，花鸟、草木亦为常见。所以，云南蜡染异于贵州蜡染，甚至也与工厂中模仿设计、生产出来的蜡染不同，总有那么一种扑面而来的泥土气。彝族使用漆器的历史悠久，不仅有木胎、竹胎、皮胎、角胎等多种漆器，而且还有彩绘、雕刻、镶嵌、堆漆等多种工艺漆器。这些漆器一般以黑为底，用红、黄二色绘纹，色调沉着而富有装饰性，为其他民族所鲜见。显然，彝族漆器之所以使用普遍且形成了独特的风格，是因为他们有悠久的漆器制造史以及随处可取的生漆、木、竹、兽皮角等原生材料。

其次，对材料加工的工艺水平直接反映了材料美展现的水平。作为一个艺术品种类，工艺美术品是通过视觉形象，通过对一定物质材料的艺术加工、制作而完成的物质产品，而艺术加工的过程直接影响着材料美的效果。为此，有造诣的工艺师不仅讲究"因材施艺"的技巧，而且拥有"得心应手"的技术。

综上所述，对工艺美术品而言，所采用的材料凝聚了许多人工智慧。各种材料(天然的和人工的)在表现上各有特色，利用时只有充分了解材质的性能，方可扬长避短地按照其性能显示出材料的质地美，才能在"因材施艺"中显瑜掩瑕，营造出鬼斧神工的奇妙意境。

二、工艺美术中的色彩美

工艺美术中的色彩美是指材料自身的色彩和附加的色彩所

具有的共同美感，如金、银、木等制品自身色彩的美，编织品染色、彩色玻璃工艺品由于加工形成的色彩美。如果说材料是制作工艺品的"血肉"，那么色彩就是工艺品的"皮肤"了。正如人的皮肤是最外露的机体一样，工艺品的色彩则是整个作品中最能直接作用于人的感官的、最敏感的部分。为此，色彩美就是整个工艺美中最具直观效果的一种美了。色彩可以表现人与自然界的丰富情感与环境气氛。掌握色彩的冷暖、亮感、软硬规律，对于打造工艺品的视觉效果很重要。例如，红、橙、黄等暖色系给人以轻而软的感觉；蓝、绿、紫等冷色系则给人以重而硬的感觉；白色、金色、银色等给人以华美、高贵的感觉；灰色、蓝色、绿色等给人以朴素、雅致的感觉。同样的色彩，质地光滑、细腻（如绸缎、锦缎材质等）显得华丽；而质地疏松、粗糙（如棉麻、木材等材质）则显得朴素。

除了一些主体特殊的工艺品外，一般工艺品的色彩常采用明度高、纯度高的颜色，因为这容易给人以兴奋、积极向上的感觉。但我们应该根据具体的工艺品制作、形成的过程，从材料、质地、装饰手段、工艺条件等多方面的因素去品鉴工艺美术的色彩美。一般来说，工艺美术的色彩美呈现出自然真切、古朴典雅、艳丽多姿与明净和谐几种类型。

1. 自然真切

众所周知，许多工艺品是由天然材料加工而成的，在制作过程中不加任何人工着色因素，这就使这些作品保留了自然的本色，并通过加工使这种天然色泽表现得尽善尽美而独具自然、真切的魅力。人们珍爱的玉器是工艺品中体现自然色泽美的"骄子"。不论是翠玉、耳环还是白玉、手镯，不论是碧玉屏风还是翡翠花插，都是通过对其天然色泽的加工来再现其绰约风姿的。

2．古朴典雅

古朴美是工艺美术品特有的艺术风格。出土文物中的工艺珍品那斑驳的铜锈与褪色的花纹是历史的烙印，是文物审美价值的标志。工艺品中有一些产品接近于出土文物的色泽，在同类色彩中偏暗、偏深，如仿古陶瓷制品、金属工艺品中的铜制品等，常因其古色古香的韵味而受到欢迎。

3．艳丽多姿

工艺品的这种色彩风格，能满足不同人的不同审美情趣以及不同环境、场所对色彩的不同要求，反映了工艺品以其外在的形式所烘托的气氛、情调影响、作用于人们的情感和思想的功能。马王堆汉墓出土的染色丝织物和刺绣所用的绣线，所使用的颜色大致有朱红、深红、茜红、全棕、深黄、金黄、浅黄、天青、藏青、蓝黑、浅蓝、紫绿、黑、银灰、粉白、棕灰、黑灰等二十多种。正是这些丰富多彩的颜色，使许多纺织品和刺绣虽然经历了漫长的岁月，但是出土时还是那样绚丽夺目。

4．明净和谐

有这样一句关于美的格言：凡是美的都是和谐的和比例合度的；凡是和谐和比例合度的就是真的；凡是既美丽而又真的在效果上就是愉快与和善的。因此，和谐美普遍地存在于一切艺术领域，工艺美术也不例外。明净和谐的色调虽没有金银那样高贵，也没有宝石那样耀眼，但其纯净、安宁的特色令人心旷神怡。例如，明代是中国古典家具发展的黄金时期，当时的家具多采用硬木，以黄花梨、紫檀木最为常见；在结构方面采用小构建拼接，使用榫卯；在造型上注重功能的合理性与多样性，既符合人体的生理特点，又富有典雅之美。明代家具极少髹漆，也没有过多的装饰，而主要突出木色纹理，体现材质美，形成了清新雅致、明

168

快简洁的风格。具有这种特色的家具称为"明式家具"。明代的家具可用四个字概括：简、厚、精、雅。

**工艺美术中的
造型美**

工艺美术的造型是设计者通过艺术构思表现的具体形象，是审美观念得以表现的物质条件。工艺造型美的几种基本类型如下：

1. 韵律美

通过对作品各种造型的巧妙安排，使作品在内容的优劣、刚柔、方圆、疏密、虚实等几个方面贯通一气，这样的作品才是一件真正完美的作品。例如，唐马的造型特点是以静为主，人们看到的是一匹静立的马。但是，静中有动，对马的眼部进行刻画（马的眼部是三角形的）后，眼睛是圆睁的，马的耳朵是贴着的，它好像在静听或者听到有什么动静一样。再如，西汉工艺品

镂空龙凤纹玉套环（见图 19），运用了具有中国风格、中国气派的 S 形构图技巧，线条流畅，生动活泼，姿态优美，富有动态艺术的韵律美。

图 19　西汉　镂空龙凤纹玉套环

2. 气势美

"人对世界的征服和琳琅满目的对象，表现在具体形象、图景和意境上，则是力量、运动和速度"，它们构成了工艺造型中静与动的相对统一。这种造型把速度和力量用运动的形体凝固下来，以展现生活中的千姿百态。这种被凝固的形态可以产生一种欲动不能、欲静却动的审美效果，形成一种流动的气韵和力量，这就是气势美。工艺品"青铜奔马"所塑造的马体态矫健，昂首嘶鸣，

三足腾起，一只足踏在一只飞起的龙雀（传说中的天鸟）上，既表现了其非凡的速度和粗壮而矫健的体躯，又表现了它有强大的力量。

3. 严谨美

工艺美术的适用与审美相统一的原则，确立了工艺造型结构严谨的特点。在一批战国丝织品中，有一件"龙凤虎纹绣罗单衣"作品，图案以变形的龙凤纹组成，龙凤纠屈盘绕，组成菱形的图案。图案严谨生动，对称中求变化。在明清时期，由于海上交通已相当发达，东南亚一带的木材如紫檀、红木等源源输入中国。这些木材质地坚硬、强度高，在用它们制作家具时，一般都采用较小的构建断面，制作精密的榫卯，并进行细致的线脚加工。

工艺造型除讲求韵律、气势、严谨外，还崇尚大方、流畅、和谐、稳定等。这里附带介绍一下我国民间工艺造型的一些简要法则。例如，"站七、坐五、盘三、跪四"，"一手遮半脸，二手全不见"，这是讲人体比例的；"男做胸、女做腰"，这是讲人体姿态、造型要有特征；在人物面部造型上，"若要笑，眼角吊，若要恶，眉眼鼻口齐一撮"，这揭示了肌肉运动与内心情感外露的联系。这些法则是劳动人民审美经验的总结，它启示我们：美的造型应该是有性格的、合比例的、体现特征的，是一个匀称、生动、和谐的有机整体。

第四节 工艺美术作品欣赏

欣赏工艺美术
的一般方法

1. 装饰美术（装饰工艺品）

对于不同材料的装饰性绘画、雕塑作品，主要看其立意、主题、构图和色彩；对于牙、玉、石等材料的工艺品，还应看其对材料的选择和运用，如巧施俏色、雕刻技法等；对于年画类可以长期欣赏的作品，主要看其题材的内涵和构图的丰满程度；对于商品的包装、装潢及广告招贴，主要看其是否概括、简洁，是否能使人一目了然。

2. 实用美术（日用工艺品）

实用美术欣赏，主要看其使用功能是否完备、操作是否简便；看器物的尺寸、比例是否适度，及其与周围环境的关系；看其生产工艺的技术水平发挥得如何；看其色彩搭配如何，特别是服装、纺织品有特殊的要求；注意传统工艺美术品、民间工艺美术品和现代工艺美术品的不同风格。作为一种商品，则主要看其是否能满足生活的需要，能否引起人们的购买欲，消费者是否有购买能力。

> **工艺美术
> 作品欣赏**

1. 人面鱼纹盆（新石器时代）

人面鱼纹彩陶是新石器时代陶器的珍品。彩陶是在陶器表面以红、黑、赭、

171

白等色作画后烧成的，彩画永不掉落。此盆由细泥红陶制成，敞口卷唇，盆内壁用黑彩绘出两组对称的人面鱼纹。人面概括成圆形，额的左半部涂成黑色，右半部为黑色半弧形，这可能是当时的纹面习俗；眼睛细而平直，鼻梁挺直，神态安详；嘴旁分置两个变形鱼纹，鱼头与人嘴外廓重合，加上两耳旁相对的两条小鱼，构成形象奇特的人鱼合体，表现出丰富的想象力；人头顶的尖状角形物，可能是发髻，加上鱼鳍形的装饰，显得威武华丽。同样内容的彩陶盆，在半坡遗址中曾出土过几件。

中国的文明源远流长。形成于七千年前的仰韶文化是

▲ 人面鱼纹盆（西安半坡遗址出土）

中国新石器文化发展的主干，它展现了中国母系氏族制度从繁荣至衰落时期的社会结构和文化成就，其中彩陶艺术达到了相当完美的境地，是中国原始艺术创作的范例，这件彩陶盆便是其中的代表之作。

古代半坡人在许多陶盆上都画有鱼纹和网纹图案，这应与当时的图腾崇拜和经济生活有关。半坡人在河谷阶地组建聚落，过着以农业生产为主的定居生活，兼营采集和渔猎，这种鱼纹装饰是他们生活的写照。人头上奇特的装束，大概是在进行某种宗教活动时的化妆形象，而稍有变形的鱼纹很可能是代表人格化的独立神灵——鱼神，表达出人们以鱼为图腾崇拜的主题。

这件彩陶盆是儿童瓮棺的棺盖。仰韶文化流行一种瓮棺葬的习俗，把夭折的儿童置于陶瓮中，以瓮为棺，以盆为盖，埋在房屋附近。这件陶盆上画有人面，人面两侧各有一条小鱼附于人的耳部。有的学者根据《山海经》中某些地方曾有巫师"珥两蛇"的说法，认为人面鱼纹表现的是巫师珥两鱼，寓意为巫师请鱼附体，进入冥界为夭折的儿童招魂。

此外，在先秦典籍《诗经》《周易》中，鱼有隐喻"男女相合"之意。以此推之，这人面鱼纹也应有祈求生殖繁衍、族丁兴旺的含义。但不管其究竟蕴涵何种奥秘，作为中国原始社会先民的艺术杰作，它放射出了耀目的历史光芒。

2. 司母戊铜方鼎（商）

司母戊鼎是中国商代后期（约公元前 16 世纪至公元前 11 世纪）王室祭祀用的青铜方鼎，1939 年 3 月 19 日在河南省安阳市武官村一家农地中出土，因其腹部著有"司母戊"三字而得名，是商朝青铜器的代表作，现藏中国国家博物馆。司母戊鼎器型高大厚重，形制雄伟，气势宏大，纹施华丽，工艺高超，又称司母戊大方鼎。它高 133 厘米，口长 110 厘米，口宽 78 厘米，重 875

千克；鼎腹长方形，上竖两只直耳（发现时仅剩一耳，另一耳是后来据另一耳复制补上），下有四根圆柱形鼎足，这是目前世界上发现的最大的青铜器。该鼎是商王武丁的儿子为祭祀母亲而铸造的。

▲ 司母戊铜方鼎（商）

鼎身呈长方形，口沿很厚，轮廓方直，显现出不可动摇的气势。司母戊鼎立耳，方腹，四足中空，除鼎身四面中央是无纹饰的长方形素面外，其余各处皆有纹饰。在细密的云雷纹之上，各部分主纹饰各具形态。鼎身四面在方形素面周围以饕餮作为主要纹饰，四面交接处则饰以扉棱；扉棱之上为牛首，下为饕餮。鼎耳外廓有两只猛虎，虎口相对，中衔人头。耳侧以鱼纹为饰。四只鼎足的纹饰也独具匠心，在三道弦纹之上各饰以兽面。据考证，司母戊鼎应是商王室的重器，其造型、纹饰、工艺均达到极高的水平，是商代青铜文化顶峰时期的代表作。

173

司母戊鼎的提手纹饰同样精美。龙虎张开巨口，各衔着一个人头，后来演变成"二龙戏珠"的吉祥图案。一般认为，这种艺术表现的是大自然和神的威慑力。现在却有人推测，那个人是主持占卜的贞人，他主动将头伸入龙虎口中，目的是炫耀自己的胆量和法力，使民众臣服于自己的各种命令。这是完全是可能的：当时的贞人出场时都牵着两头猛兽，在青铜器和甲骨文中经常可以看到这样的图案。

3. 佳父癸尊（商晚期）

佳父癸尊高 31.3 厘米，口径 23.8 厘米。父癸尊形状庄重沉稳，颈腹圈足饰以不同的

◀ 佳父癸尊（商晚期）

兽面纹，间有一周鸟纹。主纹隆起，填以雷纹。圈足内双勾阳文三字。

4. 战国彩绘凤鸟虎座鼓架（漆器）

这是战国时楚国特有的木雕彩绘乐器，具有鲜明的楚文化风

格。该器的凤踏虎造型，是巴楚相争历史的写照。虎是巴人的图腾，巴楚曾多次发生过战争，直到春秋末期巴人才被楚人征服。楚人以其特有的创造才能，把一座普通的鼓架设计成独具特色的艺术珍品。其特征是：凤体高大，气宇轩昂；虎体矮小，瑟缩匍匐。全器木

▲ 战国彩绘凤鸟虎座鼓架（漆器）

雕彩绘施漆，饰纹精美，集雕刻与漆绘工艺于一身。

5. 龙凤纹绣娟衾（战国）

这是收藏织绣品。某一品种的早期代表作或经典之作是藏家所追求的目标。战国的楚绣即属此类绣品。此款绣品纹样为龙、凤，是战国时期盛行的织绣纹样。湖北江陵马山一号战国楚墓出

土了数量众多的以龙凤为主纹的织绣品，此款龙凤绣即为其中之一。绢地上绣以变体龙凤，身上饰以圆、水滴形花纹，用黄、黑、土红等色线穿插绣制，风格富丽、典雅，体现了战国时期织绣品的风格。

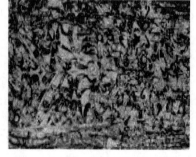

◀ 龙凤纹绣娟衾（战国）

174

6．青铜犀尊（战国）

从商代到战国，人们把犀牛和象视为神奇的动物，并创作了很多带有犀牛或象等形象的酒器，这些被称为犀尊或象尊。犀尊酒器背部开椭圆口，有盖，以便倒酒。

▲　青铜犀尊（战国）

青铜犀尊中的这只犀牛形象雄健，体态逼真。它昂首前视，上面长有双角，四只短腿粗壮结实，有力地支着沉重的躯体。犀牛身体的各个部分都具有强烈的质感，眼睛由珠饰镶嵌而成，虽然不大，却充满了奕奕神采。

器物全身运用了当时已经十分发达的金错银工艺，金丝点点，断续错入花纹线条中，以作为身上的毛发。

整个作品工艺精湛，犀牛形体准确，是我国青铜雕塑的优秀代表作品，也是中国古代工艺品中实用与美观有机结合的典范之作。

175

7．汉代鱼纹铜镜

其直径为 12.5 厘米，厚 0.7 厘米，系红绿锈，品相极佳，为山东坑口。图案为四条鱼纹交叉，只有鱼身而无鱼尾，鱼头向外，嘴尖部每侧有两道胡须，应为鲤鱼。先人对鱼的偏好由来已久，农民辛苦劳作，希望丰衣足食，因"鱼"与"余"同音，常以鱼借喻生活的富足有余。

▲　汉代鱼纹铜镜

8．汉代马蹄形漆盒（西汉晚期）

该漆器长 7.5 厘米，宽 5.4 厘米，于安徽省天长县安乐乡汉墓出土，现由安徽省博物馆收藏。其近似长方形，一端略圆，盒盖之壁略高，盖面隆起，中部嵌银质花瓣形饰，盒内髹朱漆，外髹褐色漆，绘朱漆细线纹。

汉代是漆器发展的鼎盛时期。汉代的髹漆器物，包括鼎、壶、钫、樽、盂、卮、杯、盘等饮食器皿，奁、盒等化妆用具，几、案、屏风等家具，种类甚多，但主要是以饮食器皿为主的容器。另外，漆器还增加了大件的物品，如漆鼎、漆壶、漆钫等，并出现了漆礼器，以代替铜器。汉墓出土的还有漆棺、漆碗、漆奁、漆盘、漆案、漆耳杯等，均为木胎，大部分为红里黑外，并在黑漆上绘红色或赭色花纹。汉代漆器的造型比战国时期更丰富，且从实用出发，如漆奁、漆盘、漆案主要考虑使用时的便利；装饰花纹形象抽象化，给人以线的动感。汉代漆器是实用和美观相结合的工艺品典范。

9. 青铜奔马（汉）

1969年初秋，甘肃省武威雷台地区的农民在挖防空洞时发现了墓室内的铜车马。但由于缺乏考古常识，当时他们把里面的铜车马放到了库房里。当年10月，在武威文化馆工作的党寿山看到了墓室和仓库里的铜车马后向上级报告，这些文物在第二年才被甘肃省博物馆收藏，青铜奔马就是其中之一。

1971年，郭沫若同志陪同外宾到兰州。在参观博物馆时见到了这件青铜奔马，郭沫若被这件文物的艺术魅力所倾倒，立刻将其命名为马踏飞燕。虽然后来诸多研究表明那不是一只燕子，但由

▲ 青铜奔马（汉代）

于这个名称十分传神，因而被广泛使用。1973 年，这件文物被安排在英国和法国展出，引起了很大的轰动。

青铜奔马通体由青铜铸成，表面有一层青绿色的铜锈。铜马昂首嘶鸣，三足腾空，右后足踏在一只飞鸟的背上；飞鸟惊诧地回头观望。这一构思巧妙而科学，整体的支撑点很小，但重心稳定。关于该造型的含义有不同的解释：一种解释是说马的速度极快；另一种解释是该马为神话中的天马，因此其在鸟之上。

铜马体态矫健，被认为是汉代"天马"的典型形象，是神话中的角色，而不是现实中的马。一般的马是前后同向腾空；而此马同一侧的两腿向同一方向腾起，这称为对侧步，这种步伐对于乘坐的人来说会感到很舒适。

关于该作品飞鸟的造型，也有诸多说法：有人认为这是龙雀的造型，龙雀即古代传说中的风神；从飞鸟的形体推断，有专家认为是游隼。

10. 鎏金银龟茶盒（唐）

这件陕西扶风法门寺塔基出土的茶盒，是唐僖宗李儇(公元874—888 年)的供奉之物。唐代人饮茶时，先要将饼茶经炙后碾成细末，再过罗筛分选后方可煎茶。而这件银龟茶盒，它的功用是储存茶末，属茶具中的储茶器具。

▲ 鎏金银龟茶盒（唐）

这件银龟茶盒通高 13.0 厘米，长 28.0 厘米，宽 15 厘米，全重 818.0 克。整体呈龟状，昂首曲尾，四足内缩在地。龟甲为盖，盖甲上有龟背纹，整体造型惟妙惟肖。盖与腹焊有圆子母口相接。首、腹及四足中空加焊。

尾巴是焊接上去的。腹部供储放碾碎的饼茶细末。取茶时，既可揭盖(甲)舀取，也可以从龟口中倒出，十分方便。

银盒作龟状，这是因为古人认为龟是吉祥和长寿的象征。唐皇室选用鎏金银龟茶盒储茶，既显示了皇室的高贵、富丽气魄，又显露了皇上祈求长生不老的心态。这与陆羽《茶经·四之器》中所述的"合"(盒)，虽然用途相同，但材料、做工大相径庭。陆羽提及的茶盒，"其合以竹节为之，或屈杉以漆之"，材料用的是竹节或杉木，外面涂上油漆，无须银质加鎏金，这大概就是民间茶具与宫廷茶具的重要差别吧！

11. 龙泉窑三足炉（宋代）

该工艺品釉水厚薄适中，莹润细腻，釉色粉青闪绿，光泽柔和悦目，质感如青玉。三足外侧为模印的兽首形象，清晰生动，为炉体增添了一种神秘而威严的气氛。

▲ 龙泉窑三足炉（南宋）

12. 白瓷孩儿枕头（宋代）

该工艺品长 40 厘米，宽 14 厘米，高 18.3 厘米。宋代盛行孩儿枕，定窑白瓷、景德镇青白瓷都有孩儿枕传世，但姿态各异。景德镇及耀州窑系孩儿枕的孩儿均为侧卧姿态，手持一荷叶，以荷叶为枕面；定窑孩儿枕作伏卧状，以孩儿背作枕面，孩儿双目炯炯有神，头部两侧有两绺孩儿髻，身穿丝织长袍，团花依稀可辨，下承以长圆形床榻，榻边饰以浮雕纹饰。定窑孩儿枕传世的仅此一件，孩儿雕工极佳，十分珍贵。

▲ 白瓷孩儿枕头（宋代）

13.　"蒙恬将军图"青花玉壶春瓶（元代）

　　该器 1965 年出土于湖南省常德县。瓶高 29 厘米，底径 9 厘米，口径 8.5 厘米；瓶为长细颈、喇叭口，内缘绘九朵如意状云纹；腹呈圆球形，腹部绘有五人，端坐旗下的是秦大将军蒙恬，他身后站一挎剑小卒，双手举旗，旗上书有"蒙恬将军"四字；将军前方一持弓武士左手向后指向一俯伏在地的文官，另一武士手擒文官，背景穿插松竹山石。画面主次分明，人物栩栩如生；瓷瓶圈足外撇，绘有卷草纹，线条流畅，是一幅难得的艺术佳作。

『蒙恬将军图』青花玉壶春瓶（元代）

14.　牡丹纹剔红盖碗（明）

　　剔红花卉纹盖碗通高 16 cm，口径 30.2 cm。碗圆形，圈足，盖隆起近似半球状，顶上设球形纽。通体黄素地上雕红漆牡丹、茶花、菊花、栀子、石榴等花卉；盖纽上雕灵芝，口边与足边均雕回纹；足内上黑漆，一侧针划"大明永乐年制"六字样。

牡丹纹剔红盖碗（明）

　　此碗体大，造型优美端庄，用漆精良，雕刻精致。其纹饰构图疏密有致，在黄色漆地的衬托下，红色的花卉愈显明艳。明代早期的雕漆碗极少见，此为仅见的两件传世品之一。

15.　斗彩鸡缸杯（明）

　　该杯高 3.6 厘米，口径 8.8 厘米，足径 3.8 厘米。敞口微撇，口下渐敛，平底，卧足。杯体小巧，轮廓线柔韧，直中隐曲，曲中显直，呈现出端庄婉丽、清雅隽秀的风韵。杯外壁饰子母鸡两群，间以湖石、月季与幽兰，展现了一派初春景象。足底边沿一周无釉。底心青花双方栏内楷书"大明成化年制"双行六字。

▲ 斗彩鸡缸杯（明）

名成化斗彩鸡缸杯，为酒杯，形似缸形，以子母鸡群为题材，间饰洞石花卉。在淡雅的青花轮廓线的衬托下，釉上彩中的红、黄、绿、紫釉更显得浓烈鲜艳。此鸡缸杯以新颖的造型、清新可人的装饰、精致的工艺而历受赞赏，堪称明成化斗彩器之典型。其胎质洁白细腻，薄轻透体，白釉柔和莹润，表里如一。杯壁饰图与型体相配，疏朗而浑然有致。画面设色有釉下青花及釉上鲜红、叶绿、水绿、鹅黄、姜黄、黑等彩，运用了填彩、覆彩、染彩、点彩等技法，以青花勾线并平染湖石，以鲜红覆花朵，水绿覆叶片，鹅黄、姜黄填涂小鸡，又以红彩点鸡冠和羽翅，绿彩染坡地。施彩于浓淡之间，素雅、鲜丽兼而有之，收五代画师黄荃花鸟画的敷色之妙。整个画面神采奕奕，极尽写生之趣。

此杯是明成化朝景德镇御窑厂烧制的宫廷用器，明清文献多有所载，颇为名贵。

16. 花果纹六方瓶（清代瓷器）

清代的花果纹六方瓶，打破了传统的圆柱瓶体造型模式。瓶口、颈、腹、底线条的起伏变化，透出一种节奏美和韵律感。瓶底的装饰花纹，深沉凝重，但瓶颈与瓶腹部的六个黑底方框中的绿叶花果的对比色彩，使

◀ 花果纹六方瓶（清代瓷器）

180

凝重中透出生气，和谐而有变化。这是一件珍贵瓷器艺术品。

17. 广珐琅八宝纹面盆（清）

该盆为清乾隆年间制造，现藏于北京故宫博物院。广珐琅是
广州金属胎珐琅工艺的一种，此为其
代表作品。盆内外壁均以银片贴饰花
卉纹，通罩宝蓝色透明珐琅釉，银片
花纹透过珐琅釉若隐若现，展现出朦
胧之美。盆内壁釉上与折边以金片分
别贴饰八宝纹与暗八仙纹。

▲ 广珐琅八宝纹面盆（清）

18. 深山渔隐藏扇（张大千）

中国扇文化有着深厚的文化底蕴，是民族文化的一个组成部
分，中国历来被誉为制扇王国。扇子的主要材料是：竹、木、纸、
扇、象牙、玳瑁、翡翠、飞禽翎毛，棕榈叶、槟榔叶、麦秆、蒲
草等也能编制成千姿百态的日用工艺扇。工艺扇造型优美，构造
精制，经能工巧匠精心镂、雕、烫、钻或名人挥毫题诗作画后，
扇子的艺术身价会倍增。

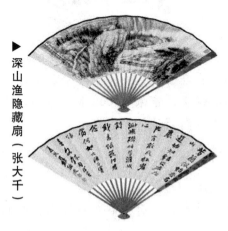

▶ 深山渔隐藏扇（张大千）

张大千《深山渔隐》藏扇，
画面峰峦冈埠，坡陀沙渚，起
伏变幻。溪、桥、茅舍、钓艇，
章法严谨，结构奇突；林木葱
郁，疏密有致，山川浑厚，草
木华滋，深得自然真趣，创前
人所未造，示后人以难摹，妙
在别开生面。笔法似取古人，
而又自出新意，运用自如，精
湛凝练，毓秀清润中含苍茫浑

厚韵味，变化无穷，达到了炉火纯青的地步。背面张大千的行书，豪气、秀气、逸气三而合一，笔墨跌宕，笔力了得，开合凝练，神玩气足。

19. "罗曼诺夫王朝三百年"复活节彩蛋（俄罗斯）

在国外很多地方，每年春分过后，第一次月圆后的第一个星期日就是"复活节"。许多西方人小时候会在当天玩一种找彩蛋的游戏，而彩蛋里面往往会藏一些小礼物，找到彩蛋的人会很兴奋。所以，彩蛋是"复活节"最典型的象征。

◀『罗曼诺夫王朝三百年』复活节彩蛋（俄罗斯）

宫廷珠宝制作工厂卡尔·法贝格于 1913 年根据沙皇尼古拉二世的命令，为庆祝罗曼诺夫王朝 300 周年而特意制作了这个复活节彩蛋。

彩蛋上 18 个人物都是罗曼诺夫王朝的执政代表人物，均用水彩颜料画在象牙上，并放在凸起的水晶之下。这些人像按时间顺序排列，但是工匠把尼古拉二世的画像放在了彼得大帝和其父亲亚历山大三世之间。彩蛋令人惊讶之处，还在于彩蛋内部固定着一个旋转的钢质地球仪，球面上用彩金描绘了大陆，而且绘制了两个北半球，分别是 1613 年及 1913 年俄国的领土。它浓缩了珐琅、雕刻、镂刻等工艺，体现了俄罗斯艺术家的高超技巧。

20. 奥古斯都的玉佩（罗马）

该玉佩现在收藏在维也纳美术史博物馆。上面有众多的人物形象，他们的面部表情、身体的动态，还有他们的首饰以及他们服装的衣纹等方面，都表现得非常细致入微。所以，在这样一个小小的玉石上面，能够如此精细地表现这些人物的情态、人物的形象，而且比例又如此地合适，形式如此地典雅优美，应该说在世界艺术史上也是十分罕见的。我们可以看出，该玉佩的工匠们的造型能力非常强。人物的衣纹让我们感觉都是透明的，并没有对整个人体的塑造产生什么影响，这就是它的绝妙之处。

▲ 奥古斯都的玉佩（罗马 公元前 2 世纪）

第九章

电影美学

　　电影美学是艺术美学的重要分支。它建立在电影学和美学的基础上，是研究电影艺术的美和审美问题的一门新兴学科。电影是工业时代的产物，它从产生至现在，大体经历了三个阶段：第一阶段（1895—1926 年），电影诞生并成为一种艺术。当时的物质媒介视听记录功能还不完备，只有黑白无声片。在拍摄的影片中常体现艺术家各自不同的美学观点。至 20 世纪 20 年代初，德、法等国先锋派运动兴起，电影艺术始有自觉的美学探索。第二阶段（1927—1945 年），电影艺术有了重大发展。1928 年，有声片出现；1936 年，彩色片出现，物质媒介的视听记录功能趋于完备。通过对艺术实践的概括、总结，电影具有系统的美学思想。第三阶段从 1945 年至今，电影艺术臻于成熟，物质媒介视听记录功能日益完善。理论界通过总结"二战"后以及电影史上不同流派的电影创作，运用当代人文科学研究的成果，从不同层次、不同侧面进行深入研究，从而形成了不同的电影美学流派，并且建立了不同哲学基础的电影美学体系。

第一节　电影的基本要素

　　每一门艺术都有它自己独特的艺术语言，或者说表现元素。绘画的表现元素是色彩、线条、构图等，戏剧的表现元素为台词、唱腔、表演等，文学的表现元素为文字。

那么，电影的表现元素又是什么呢？

影像、声音、剪辑是电影艺术的主要元素。影像包括构图、景别、角度、运动、照明、色彩；声音包括语言、音响、音乐；剪辑包括影像剪辑、声音剪辑。

> **电影艺术的影像**

影像结构的基本单位是镜头。影像是通过一系列镜头展现的。一部故事片一般由 400～800 个镜头组成。

如何划分一个镜头？马尔丹认为：从拍摄的角度讲，镜头是在拍摄的过程中，摄影机的马达开动至停止这段时间内被感光的胶片；从剪辑的角度讲，镜头是剪两次与接两次之间的那段胶片；从观众的角度讲，镜头是两个镜头之间的那段胶片。

影像构成元素包括：构图、景别、角度、运动、照明、色彩。

185

1. 构　图

影像结构的基本组织单位是"镜头"，而镜头实际上还可以再分，即"画格"。一个镜头是由无数的画格组成的，电影在正常播放的过程中，每秒播放 24 格。我们讨论的构图其实就是画格的构图。处理好一部影片中的"构图"元素，要注意三个原则，即美学原则、主题服务原则、变化原则。其中，美学原则、主题服务原则是就单个画格的构图而言，而"变化原则"则是就整个一部影片的构图而言的。

2. 景　别

景别的划分通常的做法是以画格中截取成年人身体部分的多少为划分的标准。远景：广阔的场面，画面中如果有人，那么每个人在画面中所占的比例很小。全景：成年人的全身。中景：

成年人膝盖以上。近景：成年人胸部以上。特写：成年人肩以上的头，或被摄主体的细部。

3. 角　度

镜头的角度可划分为两大类：垂直变化和水平变化。垂直变化包括平角、仰角、俯角。电影中绝大部分镜头的角度是平角。电影中的平角是指成年人视力水平线的平角。有些影片为了达到特殊的艺术效果，便采取压低平角，即变成儿童的视力水平线的平角。

4. 运　动

电影的运动主要由两方面组成：被摄对象运动、摄影机运动。

电影的运动又具体表现为以下三种情况：被摄对象运动、摄影机运动、综合运动。

摄影机运动的主要方式有推镜头（推）、拉镜头（拉）、摇镜头（摇）、移动镜头（移）、跟镜头（跟）。

186

5. 照　明

拍摄一部电影，通常使用的照明方式是"三点布光"。首先，把主光光源（主光灯）放在被摄主体的前面，注意它应与被摄主体形成一定的角度；然后，在被摄主体的一侧布置副光，以部分地消除主光照射下被摄主体所形成的阴影；最后，布置逆光，把光源放到被摄主体后面的高处，使被摄主体的四周边缘有一个光环，使主体富有立体感。

6. 色　彩

要根据影片的风格，确立色彩的风格。纪实风格：影片总的色调、和被摄物的局部色相，应该与生活中的自然形态一致；不要滥用艳丽的色彩，以免刺激观众的视觉，造成人为的痕迹。总之，要尽量让观众觉不到"色彩"的存在。浪漫、夸张的风格：

色彩上没有特殊的要求，可生活化，也可五彩缤纷、绚丽夺目。商业片：色彩要艳丽，要具有强烈的、形式上的视觉美感。总之，要漂漂亮亮，女主角起码要换二十套衣服，要使人赏心悦目。

电影艺术的声音

电影的声音主要包括三个部分：语言、音响、音乐。语言就是人说出的台词；音乐是电影中经过加工的，通过演奏、演唱才能形成的声音；音响是电影中除了语言、音乐之外的所有声音的统称。

1．语 言

语言可分为对白、独白、旁白。语言在电影中的作用有：配合影像交代说明、推动叙事；表现人物的心境和情感；塑造人物的性格；直接表达作者的观点和作品的主题等。

2．音 响

除语言、音乐之外，电影中的其他一切声音统称音响。音响包括动作音响、自然音响、背景音响、机械音响。

3．音 乐

音乐包括有声源音乐（画内音乐）和无声源音乐（画外音乐）。音乐与画面的关系包括音画同步和音画对位。音乐在电影中的作用有：渲染画面中所呈现的环境的氛围；表现作品的主题和作者的思想感情；表现剧中人物的心境；表现时代感和地方特色等。

电影艺术的剪辑

电影剪接是电影艺术创作过程中的最后一次再创作。电影剪辑主要包括声带剪辑和影像剪辑。影像剪辑可以通过光学印片方法和其他方法进行特殊处理，其方法有淡、化、划、叠印。

影像剪辑中的镜头可分为两大类：连接镜头与穿插镜头。连接镜头：在一个叙事单元中，后一个镜头包括前一个镜头中的一部分内容。穿插镜头：在一个叙事单元中，这一个镜头不包括它的前一个镜头中的内容。

电影剪接又称蒙太奇思维：它包括分镜头，以及镜头与镜头、声音与声音、镜头与声音、场与场的安排组接等全部技巧。

蒙太奇（Montage）在法语中是"剪接"的意思，但到了俄国，它被发展成一种电影中镜头组合的理论。理论核心为镜头间的并列将造成第三种新的意义。

蒙太奇可划分为两种最基本的类型：叙事蒙太奇，表意蒙太奇。

一、叙事蒙太奇

叙事蒙太奇包括单线蒙太奇、交叉蒙太奇、重复蒙太奇。

（1）单线蒙太奇是沿着一条单一的情节线索，按照事件的逻辑顺序，有节奏地连续叙事。这种叙事自然流畅，朴实平顺。但处理不当，就有平铺直叙之感。

（2）交叉蒙太奇又称交替蒙太奇，它将同一时间、不同地域发生的两条或数条情节线索迅速而频繁地交替剪接在一起，其中一条线索的发展往往影响另外一条线索，各条线索相互依存，最后汇合在一起。例如，《南征北战》中抢渡大沙河一段，将我军和敌军急行军奔赴大沙河以及游击队炸水坝三条线索交替剪接在一起，以表现那场惊心动魄的战斗。

（3）重复蒙太奇是将具有一定寓意的镜头在关键时刻反复出现，以达到刻画人物、深化主题的目的。例如，《闪闪的红星》中的"红星"，在影片中重复出现，使影片结构更为完整。

在一部影片中，上述蒙太奇手法往往交混使用，相辅相成。

二、表意蒙太奇

表意蒙太奇是以镜头对列为基础，以表达某种情绪或思想。其包括抒情蒙太奇、心理蒙太奇、隐喻蒙太奇。

（1）抒情蒙太奇：最常见，最易被观众感受到的抒情蒙太奇。其往往在一段叙事场面之后，恰当地切入象征情绪情感的空镜头。例如，《闪闪的红星》中冬子脑海中出现的映山红花开的幻觉，以表现冬子盼望红军和爸爸归来的急切心情。

（2）心理蒙太奇：常用于表现人物的梦境、回忆、闪念、幻觉、遐想、思索等精神活动。这种蒙太奇在剪接技巧上多用交叉穿插等手法，其特点是画面和声音形象具有片断性，叙述具有不连贯性，节奏具有跳跃性，声画形象带有剧中人强烈的主观性。

（3）隐喻蒙太奇：往往将不同事物之间某种相似的特征凸显出来，以引起观众的联想，让观众领会导演的寓意和领略事件的情绪色彩。例如，普多夫金在《母亲》一片中，将工人示威游行的镜头与春天冰河水解冻的镜头组接在一起，用以比喻革命运动势不可挡。

蒙太奇作为技巧和思维的存在方式，有着根深蒂固的人类心理学基础。蒙太奇的视觉心理学基础是：人类生活在一个运动的世界里，物体通过我们的视野，在视网膜上留下了一连串影像，而视网膜要求视野有变化才能正常活动。当人的眼睛盯住某个固定的物像（如墙上的某个斑点）目不转睛约五分钟左右，这一图像便会变得模糊不清。如果看一眼另外的东西，再回到原先那个图像上它又清楚了。这个实验表明：人眼具有不断追寻新的图像的生理本能。

美国心理学家霍伯尔和瑞士科学家威塞尔（1981 年诺贝尔医学和生理学获奖者）的最新研究表明，人脑与眼具有探测形象运动的特殊细胞。这些细胞促使人在观察外界事物时，具有一种生理需求：它不会老是停留在一处，而是不断地转移视线，不断地变幻角度去观察世界。影视是用声画记录形象和重现运动的，而蒙太奇的运用，正确地重现了我们通常观看事物时不断追寻新目标的方式，重现了我们在现实环境里随注意力的转移而依次接触视像的内在过程。

第二节　电影美学流派

电影美学可划分为两大派流；一是蒙太奇（或称技术主义）传统，一是纪实性（或称写实主义）传统。具体流派有以下几个。

布莱顿学派

英国"布莱顿学派"是世界电影史上有据可考的第一个学术流派。20 世纪初，其因起源于英国的海滨城市布莱顿而得名。该学派反对梅里爱提出的"银幕即舞台"的主张，主张把镜头对准社会、瞄准生活，在露天的场景中拍摄真实的生活片段。布莱顿学派通过电影画面的有机组合，创造了电影早期的蒙太奇手法。该派的代表作有：乔治·阿尔培特·斯密士的《祖母的放大镜》《望远镜中所见的景象》《玛丽珍妮的灾难》，詹姆士·威廉逊《中国教会被袭记》，埃斯美·柯林斯《汽车中的婚礼》，西赛尔·海普华斯《义犬救主记》。

电影眼睛派

20 世纪 20 年代初，苏联的吉加·维尔托夫提出，电影摄像机比人的眼睛更完善，电影工作者要用摄像机"出其不意地捕捉生活"，反对故事片的一切虚构；不要职业演员，不要人工布景，一切按照生活的原貌，摄入生活即景；强调生活的诗意，用蒙太奇处理生活本身的节奏和诗情。

190

该派的代表作有吉加·维尔托夫的《面包的故事》《列宁逝世一周年》《前进吧，苏维埃》《关于列宁的三支歌》。电影眼睛派促进了"剪辑片"的问世和爱森斯坦、普多夫金的蒙太奇学派的诞生。意大利新现实主义受其影响。

苏联蒙太奇电影学派

20世纪二三十年代，以爱森斯坦、普多夫金、维尔托夫、库里肖夫等为代表的一批人，受到革命斗争现实的鼓舞，力求探索新的电影表现手段来表现新的革命内容。他们认为，任何种类的两段影片放在一起，就会从那两种并列的状态中不可避免地产生一种新的概念、一种新的性质。

该派的代表作有爱森斯坦的《战舰波将金》、普多夫金的《母亲》。

欧洲先锋派

欧洲先锋派产生于20世纪初，强调先锋性和纯粹性，过分注重抽象的画面造型以及视觉情绪节奏；反对电影商业化，主张电影是大众的无功利的纯粹艺术品；反对叙事，反对情节和人物刻画，主张以抽象的图形、唯美的形式和空洞的抒情作为全部内容；反对理性，喜欢联想，拒绝现实，喜欢梦幻。先锋派运动的主旨是企图从电影的形象性和运动性出发，去扩大、挖掘电影的可能性，使电影最终成为一种独立的新艺术。但是，先锋派运动的代表人物更多地是从形式出发，以自我为目的，因此也未产生巨大的社会效果。作为一次艺术运动，许多实验性影片在表演手法、镜头技巧等方面的探索，对电影艺术的发展起了一定的推动作用。

该派的代表作有费南·莱谢尔的《机器的舞蹈》、雷内·克莱尔的《休息节目》、路易·布努艾尔的《一条安达鲁狗》、谢尔曼·杜拉克的《贝壳与僧侣》、罗伯特·维内的《卡里加里博士》。

20 世纪 20 年代，人们刚从第一次世界大战中苏醒过来，在生活中表现出一种放纵，在艺术上则是大解放，这一年代被称为"疯狂的年代"。30 年代的法国诗意现实主义继承了 20 年代先锋主义电影运动中的创新精神和实验精神。诗意现实主义的特征是：诗意的对话、引人入胜的视觉影像、透彻的社会分析、复杂的虚构结构、丰富多彩的哲理暗示。

该派的代表作有雷内·克雷尔的《巴黎屋檐下》《百万法郎》，雷诺阿的《大幻灭》《游戏规则》，让·维果的《亚特兰蒂号》，马赛尔·卡内的《雾码头》。

20 世纪 30 年代，约翰·格里尔逊组织进行了英国纪录电影运动，其任务是用电影的手段来宣传政府的食品供应政策。

他领导下的纪录片制作者形成了著名的"格里尔逊学派"，电影史上的英国纪录电影运动即指这一学派在 20 世纪三四十年代的创作活动。约翰·格里尔逊首先在英语国家提倡使用"纪录电影"一词。英国纪录电影运动在创作思想上受苏联电影的影响较深，尤其是维尔托夫的"电影眼睛"理论。但与此同时，他们也广泛吸收了瓦尔特·鲁特曼的"交响乐式"的蒙太奇手法、法国先锋派的各种倾向以及荷兰的尤里斯-伊文思和美国的弗拉哈迪的经验。因此，他们一方面十分强调影片的社会意义，主张纪录片应当是富有创造性的对真实生活场面的处理，是一种直接的宣传手段；另一方面又非常注意在再现真实生活场面时进行艺术加工，在画面构图、镜头剪辑、音画配台等方面极为讲究，以致有时对于构图、蒙太奇和摄影的兴趣超过了对主题的兴趣。然而，这种技术加工有明确的限度，决不允许在形象内容上有所添加或篡改。

该派的代表作有约翰·格里尔逊的《工业的英国》《煤矿工人》《锡兰之歌》《夜邮》。

法国诗意现实主义

该派于 20 世纪 40～50 年代盛行于意大利，受 19 世纪末作家维尔加所编导的"真实主义"文艺运动的影响，是批判现实主义在特定条件下的发展。该派多以真人真事为题材，描绘法西斯统治给意大利人民带来的灾难。新现实主义最突出的特征以及最重要的新意，就在于它证实了一部影片并不一定需要有一个"故事"，即一种根据传统臆造的故事；新现实主义认为"生活就是艺术"，街头巷尾、日常琐事充满着感人的事件，只要你悉心去注意，你就能找到艺术。新现实主义主张以"段落"或一场戏作为一个剪辑单元。他们认为这种剪辑方法才更符合生活。意大利新现实主义电影甚至还改变了欧美电影界对男女演员的审美标准，关心的是演员的气质，而以往注意的是演员的脸型、身材。

该派的代表作有罗西里尼的《罗马，不设防城市》《游击队》，德·西卡的《擦鞋童》，德·桑蒂斯的《艰辛的米》《橄榄树下无和平》，维斯康蒂的《大地在波动》，捷尔米的《以法律的名义》《两分钱的希望》。

法国新浪潮电影

法国新浪潮电影是指法国 1958 年末、1960 年代初的新电影及创作倾向，其中不少新导演都是《电影笔记》杂志的影评人，包括重要的导演尚卢高达、法兰苏瓦楚浮、克劳德夏布洛、贾克希维特等人。他们大多崇尚个人独创性，表现出对电影历史传统的高度自觉，体现"作者论"的风格和主张。"新浪潮"带有强烈的个人色彩，不少影片都有强烈的个人传记色彩；在艺术上突破传统电影语言的同时，避免过分脱离一般观众的欣赏习惯；用长镜头代替蒙太奇，用移动摄影代替固定摄影，跳接；很少使用隐喻。

该派的代表作有夏布罗尔的《表兄弟》，特吕弗的《胡作非为》，戈达尔的《筋疲力尽》，亚兰雷内的《广岛之恋》《去年在马里昂巴德》，尚卢高达的《断了气》。

好莱坞电影

位于美国西海岸加利福尼亚州洛杉矶郊外的好莱坞，是个依山傍水、景色宜人的地方，最先是由摄影师们在寻找外景地时所发现的。大约在 20 世纪初，这里便吸引了许多的拍摄者，而后一些为逃避专利公司控制的小公司和独立制片商们纷纷涌来，逐渐在这里形成了一个电影中心。在第一次世界大战期间及以后的一段时间，由于格里菲斯和卓别林等一些电影艺术大师们为美国电影赢得了世界声誉，又由于华尔街的大财团插手电影业，好莱坞电影城迅速兴起。这恰恰适应了美国在这一时期经济飞速发展的需要，电影则进一步纳入了经济机制，成为谋取利润的一部分。雄厚的资本、大量的影片，使得美国电影在世界市场上大量倾销，洛杉矶郊外的小村庄最终成为一个庞大的电影城，好莱坞也在无形中成为美国电影的代名词。

在好莱坞的鼎盛时期，制片厂体系和制片厂制度得到了进一步的完善和发展，主要表现为以下三个方面：

第一，高度精细的组织分工。在英斯（独立制片人兼导演，曾于 1913 年就把自己的注意力集中在电影的生产管理上，并建立了类似工厂流水线的制片生产模式）的方法中，制片分三个阶段：准备阶段（前期制作），首先由编剧部门按照制片人所选择的故事写出文学剧本，导演们写分镜头本，并送英斯审查后盖上"按写下来的拍"；然后进入第二个阶段，即拍摄阶段，在制片人的监督下由导演执行制作；第三个阶段即组合阶段（后期制作），由剪辑师去完成。这种集成体系在 20 世纪三四十年代分工变得更加精细，制片厂设有编剧、导演、演员、摄影、美术、洗印、录音和剪辑等，各类部门和各种专业人员相互制约，各司其职。甚至在

194

各部门的分工中还有具体划分，如编剧，有分管情节的、分管噱头的、分管对话的，等等。

第二，制片人制度。制片人把制作影片的所有权集中在自己的手中，从题材的选择、摄制人员的确定，以至于拍摄的角度和剪辑的取舍等，将整个生产程序全部控制起来。好莱坞的制片人是制片厂政策的执行人员，是组织和监督影片生产的管理人员，他对上向公司负责，对下控制着一切，决定着影片摄制人员的命运。如果哪个人工作不合他的意，他就随时有可能解雇这个人。

演员也一样，制片人可以发现和占有明星，可以为自己的明星大做广告宣传，使之成为人们崇拜的偶像，但他同时也可以毁掉一个明星，使其一夜之间身价一落千丈。吹捧明星其实是制片人工作的一部分，目的是为了使公司赚得票房、获得盈利。这就是人们通常所说的制片人制度。

第三，明星制度。制片公司一旦发现观众对某一明星的喜爱可以使影片创造更高的票房价值，便相互挖墙脚，争夺明星，明星的身价因此越来越高，明星制度也由此产生。影片的制作也开始一切围绕着明星转：编剧为明星写剧本，导演以类型化人物树立明星，摄影、灯光服从和塑造明星，制片人以各种宣传手段捧红明星、制造明星。最终，观众到影院为的是去看明星。在明星的周围形成了一个固定的影迷群。明星决定了影片的价值，决定了票房价值。

导演在好莱坞是没有地位的，他夹在制片人和明星中间，不过是制片厂的一个雇员。他们当中的很多人结果成为高效率的、但却是缺乏想象力的技师。他们严格地、按照剧本所规定的情节和台词去拍摄影片，之后把胶片交给剪辑去完成最后的制作。

类型电影是好莱坞影片创作的主要方法，就是按照不同类型（或称样式）的规定和要求来制作影片。类型电影作为一种影片制作方式具有如下特点：影片创作者必须严格遵守制片人为他指定的影片类型的基本规定：① 公式化的情节；② 定型化的人物；③ 图解式的视觉形象。类型电影的制作根据观众的心理特点，在一定时期内以某一类型作为制作重点，即采取所谓"热潮更替"的方式。在人们厌烦了西部片之后，好莱坞便换上恐怖片，然后再继之以其他类型影片，如此周转不息，反复轮换。

类型电影主要包括西部片、科幻片、歌舞片、犯罪片。

1. 西部片

西部片作为好莱坞电影特殊的类型片，是关于美国人开发西部的史诗般的神化，影片多取材于西部文学和民间传说，并将文学语言的想象的幅度与电影画面的幻觉幅度结合起来。

西部片的特点是：

（1）时代背景：时间跨度为从 1860 年至 20 世纪初叶。这期间，载入史册的大事件有东部居民西进拓荒、南北战争、废除奴隶制、林肯遇刺、第一条横贯大陆的铁路接通、电话局开始营业等。

（2）行为准则：好汉与歹徒、警官与盗匪争斗时均靠不成文的行为准则进行"公平竞赛"——双方恪守武器相同（刀对刀、枪对枪）、机会均等（正面攻击，不打黑枪）的原则。

（3）正面形象：行侠仗义的牛仔、尽忠职守的警长、保护驿车的好汉。同歹徒、草寇决斗时，他们智勇双全，以寡敌众。

（4）反面角色：与正面形象构成二元对立。他们是拦路打劫的草寇，是突袭村落的歹徒和鱼肉镇民的地头蛇。他们人多势众，但结局通常都是十死九伤，以失败而告终。

（5）五大战场：开阔地域（如旷野、丛林、峡谷、长河等）、城镇一条街、酒吧、妓院、旅馆。

（6）固定道具：马、牛仔帽、皮靴、左轮手枪、剑。

2．科幻片

科幻片起源于法国，革新于德国，全盛于美国。梅里爱的《月球旅行记》在票房价值上的巨大成功掀起了世界各大国竞拍科幻片的浪潮。以此为契机，德国导演弗里茨·朗拍摄了世界上第一部现代科幻片《大都市》（1927），该片被誉为电影技术革新的丰富源泉。英国影片《侏儒》的问世导致科幻电影"走火入魔"，繁衍出科幻恐怖片。20世纪50年代是美国科幻片的兴旺发达时期，至此，科幻片的特点全面形成。20世纪60年代至90年代初，美国科幻片进入一个新时期，其标志是：题材广泛，贴近现实；人类与外星人的关系由紧张渐趋缓和，由对抗变成对话；特技手法跃入数控时代。1977年，《第三类接触》（斯皮尔伯格执导）和《星球大战》（乔治·卢卡斯执导）问世，形成了美国影坛"科幻三杰"的格局，把科幻片的创作再次推向波峰。

科幻片的特点是：第一，基于科学，以特技手段展现科技领域和大千世界的无穷奥妙，引发观众遐想。第二，时空无限，景物有数。第三，人与物的异化。第四，善恶科学家之争。

3．歌舞片

与电影声音同时诞生的音乐片，在有声电影初期十分盛行，最初是把百老汇的作品搬上银幕，后来则发展为具有特殊形式的类型片。美国电影史上的第一部音乐片是有声电影《爵士歌王》。此片一出，各大公司纷纷仿效，相继推出各自的音乐片。音乐片在20世纪四五十年代走向"最受欢迎的顶峰年代"。

20世纪30年代盛行的歌舞片，有以下四个特点：一是讲述后台发生的故事；二是双重表现手法；三是大团圆的结局；四是能歌善舞的正面主人公和歌少舞不多的反面角色。

4. 犯罪片

犯罪片分为强盗片和侦探片两大类，前者以黑社会人物为主角，后者以侦探为中心。这类电影经常以一桩罪案的始末为内容，以罪犯或侦探为主要人物。

强盗片与西部片似乎有相同之处：片中同样具有强烈的追逐和持枪格斗的场面，而剧中人物也同样是一个类似西部牛仔那样的具有复仇心理的、强悍而又孤独的男人，一样是用"硬汉"类型的明星来塑造的，以显示一种力量。

美国犯罪片中的佳作情节紧张、悬念迭起，结果往往出人意料，颇有观赏性；但大多数犯罪片的剧情生拼硬凑，而且充斥着血腥、暴力和色情场面，从而造成了视觉污染，戕害青少年的心灵。

好莱坞的电影巧妙地把社会现实矛盾转换为戏剧冲突，在它的经典叙事方式进行虚幻性解决的时候，它就完成了从文本神话向社会神话的转型，而这也正是好莱坞意义上的"白日梦幻"的意旨所在。美国对全球的文化控制是通过大众传媒的控制来实现的，因为现代电子传媒能够提供使受众服从霸权的条件，进而大众传媒本身也成为一种霸权形式。

第三节　世界著名导演和电影理论家简介

卢米埃尔

卢米埃尔（1864—1948 年），电影创始人。1895 年 12 月 28 日，他在巴黎大咖啡馆的印度厅第一次在公众场合放映了自己拍摄的影片《工厂大门》《火车到站》等，这一天被认为是电影的诞生日。从 1896 年起，他培训了大批放映员并在世界各地巡回放映，使电影迅速流传全世界。

1887 年，发明家爱迪生制成了第一台"放映机"：胶片绕在滑车上以每秒 46 幅画面的速度移动；影片通过透视镜的地方，安置一面大倍数的放大镜；观众从透视镜的小孔里观看时，急速移动的影片便在放大镜下构成一幕幕活动的画面。但爱迪生的创造没有脱离"照相馆"的原有模式，如同一张张"活动的照片"，且在那个只能供一个人观赏的"窥视镜"前面，观赏时在时空上受到很大的限制。卢米埃尔兄弟受缝纫机缝衣服的启示，利用许多科学家的研制成果，发明了"活动电影机"。卢米埃尔兄弟的"活动电影机"由一个暗箱组成，内有 35 毫米宽的片孔胶片间歇运动的牵引机构和遮光器的转动机构。它备有一个摄影镜头，以每秒 12 幅的频率摄影。画面静止时，遮光器开启，胶片曝光；遮光器关闭时，胶片向前运动，这样便得到了负片。然后取下镜头，将负片装到机器上，与另一条未曝光胶片贴在一起，在光源照射下运行，曝光后得到正片。电影机还配有放映镜头，装上胶片后，使机器置于灯泡的照射下，光束穿过胶片和镜头，摄影机变为放映机。卢米埃尔兄弟的"活动电影机"使电影更为逼真，从而诞生了真正的电影。1895 年，卢米埃尔兄弟获得电影放映机的发明专利。

卢米埃尔的影片还运用了特写（《婴儿午餐》）和景深镜头（《火车到站》）。他还拍摄了最早的喜剧片（《水浇园丁》）。1897 年，卢米埃尔兄弟把原先独立反映的四部影片《火龙出动》《水龙救火》《扑灭火灾》《拯救遇难者》连成一部来放映。

乔治·梅里爱

乔治·梅里爱（1861—1938 年）是法国早期的电影导演，他把电影引向了戏剧的道路。

当观众逐渐厌烦卢米埃尔无休止的《水浇园丁》和《工厂大门》时，厌倦了那些长度仅为几分钟的纪实性小品时，梅里爱在他的"摄影棚"，用他天才般的智慧拯救了电影。

梅里爱在离巴黎不远的郊区蒙特洛伊建起了一个耗资 8 万法郎的摄影棚，他所建造的摄影棚是个"照相室和剧院舞台的结合体"。在这间屋子里，一头放着摄影机，另一头便是演出的舞台。摄影机的位置就固定在后台的最里面，梅里爱就站在"乐队指挥的视点"上，拍摄了 400 多部影片。

梅里爱第一次系统地将绝大部分戏剧上的方法，如剧本、演员、服装、化妆、布景、机器装置，以及景或幕的划分等，都运用到电影中，使一向重现真实的电影披上有史以来最灿烂的华服，让世人惊异于她的奇丽炫目。梅里爱还是停机拍摄、多次曝光、渐隐画面等许多电影特技的发现者和最早使用者。这位"以原始人的那种聪明、细致的天真眼光来观察一个新的世界的"（萨杜尔语）人，以他的电影创作在电影史上留下了不朽的功绩。

他最擅长的影片有两类：一是神话片，如《灰姑娘》（1899）、《蓝胡子》（1901）、《魔灯》（1903）、《一千零一夜的宫殿》（1905）、《卡拉波斯仙女》（1906）等。二是科幻片，如《月球旅行记》（1902）、《无法实现的旅行》（1904）、《海底两万里》（1907）、《北极征服记》（1912）等。特别是《月球旅行记》一片，为梅里爱带来了巨大的声誉和财富。

大卫·格里菲斯

大卫·格里菲斯（1875—1948 年）出生于肯塔基州的拉格朗基，是美国电影之父。大卫·格里菲斯改变了卢米埃尔复制现实和梅里爱复制舞台、以场景作为构成影片的基本单位的做法，采用不同距离、不同角度和不同方位来拍摄所要表现的拍摄对象，以镜头构成影片的基本单位，从而使电影发展为一门与音乐、美术、文学平起平坐的独立的艺术门类。

　　梅里爱只能用"全景"式的方式复制舞台上的科幻、神话、魔术等不同表演，被人称为"前排观众眼里的戏剧"。因此，它们还不是真正的电影艺术。大卫·格里菲斯创造性地安排电影的摄影构图和蒙太奇，而且巧妙地运用大远景、中景、近景、特写、淡出淡入、摇镜，并交叉使用，使电影史上出现了令今人都叹为观止的第一个高峰。格里菲斯也在景别上大胆前进。他完成了经典电影"全景—中景—近景—特写"的镜头叙事模式。他敏锐地意识到镜头的变化让电影表演不同于舞台表演，特写的出现让演员不需要做出夸张的动作，从而获得最接近真实生活的表演。格里菲斯还在同一场景中根据剧情使用不同的景别和机位，这一做法彻底打破了舞台化的时空观念，将一个场景空间拆分开来，表现出不同层次的细节，是电影叙事的一个重大突破。格里菲斯对摄影机的运动进行了大胆的发展。在此之前，摄影机的运动只限于左右和上下的摇镜，格里菲斯则采用了摇镜，把摄影机放到汽车上、火车上等方式。此外，格里菲斯也对布光的可能进行了有意义的探索，大胆采用以火光作为光源，模拟了日光在一天中的变化情境。格里菲斯创造出后来被称为格里菲斯的最后一分钟营救的平行剪辑手法。此后他又发展到三个、四个。

　　格里菲斯的代表作是《一个国家的诞生》和《党同伐异》。《一个国家的诞生》和《党同伐异》是美国电影早期两个无法逾越的高峰，它们展示了电影技术上的最佳手法，是电影争取艺术地位的开始，并为美国电影的强盛奠定了基础。《一个国家的诞生》以美国南北战争为背景，围绕南北两个家族展开情节。这两个家族本是世交，子女间还发生恋情。在战争中，因政见不同两个家族变成仇敌，各自参加南北不同的军队，并刀枪相见。在"三K党"的帮助下，双方停止内战，两家重归于好，有情人也终成眷属。《党同伐异》由古代、近代、现代、当代四个小故事组成。古代的如《巴比伦的陷落》，描写了巴比伦亲王贝尔沙撒的奢靡生活

201

及波斯王居鲁士攻打巴比伦的历史事件。其中穿插了一个少女与亲王热恋的情节。近代的如《基督受难》，描写了耶稣与伪善的法利赛人的冲突，耶稣因犹太人出卖而被钉上十字架。现代的如《圣巴戴莱姆教堂的屠杀》，描写了法王查理九世在位的1571年，一个女教徒随未婚夫一家到巴黎后，在巴戴莱姆屠杀日中，一家人遇害的故事。当代的如《毋与法》，描写了1912年一个罢工工人被控谋杀的冤案。为什么要将时间跨度极大的事情拍成一部影片呢？格里菲斯解释说，历史上任何统治阶级总是反对和镇压对立的阶级，即党同伐异。该片告诫人们：人与人之间应该宽容、博爱，不要互相残杀，制造仇恨。该片表现的是个道德的主题。

卓 别 林

卓别林（C. Charlie Chaplin，1889—1977年）是英国电影演员、导演、制片人、剧作家、作曲家。1889年4月16日生于伦敦，1977年12月25日卒于瑞士沃韦河畔科西耶。他一生共拍摄了80余部喜剧片，其中重要的有《淘金记》（1925）、《城市之光》（1931）、《摩登时代》（1936）、《大独裁者》（1940）、《凡尔杜先生》（1947）、《舞台生涯》（1952）等。1972年，美国电影艺术与科学学院因他"在本世纪为电影艺术所作的不可估量的贡献"而授予卓别林艺术成就奖。1975年，英国女王伊丽莎白二世授予他爵士封号。

卓别林影片的主题是：鞭挞不公正、不人道的资本主义社会，反抗剥削和压迫；反对法西斯独裁，谴责侵略战争；歌颂底层小人物的真、善、美；针砭人性的弱点，警示人生的误区。

卓别林影片的艺术特点是：首先以喜剧为载体表现悲剧；运用对比蒙太奇手法叙事；运用哑剧手法，以夸张的表情和动作营造喜剧气氛；恰如其分地掺入杂技动作，使其同剧情融为一体；绝大部分镜头使用全景，中景运用不多，少量运用远景，特写镜头则屈指可数。

普多夫金

普多夫金（1893—1953 年）是苏联电影导演、演员、电影理论家、艺术家。1893 年 2 月 28 日生于奔萨，1953 年 6 月 30 日卒于莫斯科。

他的主要作品包括《母亲》《圣彼得堡的末日》《成吉思汗的后代》《胜利》《苏沃洛夫大元帅》《海军上将纳希莫夫》《俄罗斯航空之父茹阔夫斯基》《瓦西里·波尔特尼科夫的归来》等。

普多夫金还是苏联最早的电影理论家和批评家。他研究的问题的范围很广泛，其中有电影特性、电影蒙太奇、电影表演、电影声音，等等。其中，有关电影表演的理论占据着中心地位。他在自己的理论和实践中，实现了戏剧表演的斯坦尼斯拉夫斯基体系同电影表演规律的有机结合。他的创作活动与理论研究对苏联和世界电影都有一定的影响。普多夫金首先把戏剧中的斯坦尼斯拉夫斯基体系用于电影演员的指导，他有关电影表演的理论在世界电影表演方面产生了很大影响。他对电影的特性、蒙太奇、电影声音等理论也有重要贡献。

爱森斯坦

爱森斯坦（1898—1948 年）是苏联电影导演，电影艺术理论家、教育家，俄罗斯联邦共和国功勋艺术家，艺术学博士、教授。1898 年 1 月 22 日生于里加，1948 年 2 月 11 日卒于莫斯科。

他的重要作品有《罢工》（1925）、《战舰波将金号》（1925）、《旧与新》（1929）、《感伤曲》（1930）、《墨西哥万岁》（1932）、《亚历山大·聂夫斯基》（1938）、《伊凡雷帝》（第一、二集，1945，第三集未完成）。

《战舰波将金号》于 1958 年在布鲁塞尔国际博览会上，被评为电影史上 12 部最佳影片之首。该片是向俄国 1905 年革命 20 周年的献礼影片，表现的是敖德萨海军波将金号战舰起义的历史事件。影片由五大部分构成：第一，"人与蛆"，描写战舰上水兵的艰苦生活和所受的非人待遇。生蛆的牛肉使士兵愤怒不已，成为起义的导火索。第二，"甲板上的悲剧"，表现起义的水兵受到军官的镇压；指挥官下令枪杀叛乱者，神父来祈祷；行刑队拒绝开枪，起义者拿起武器，把军官和军医丢入大海；起义带头人、中士华库林楚克被大副打伤，坠海牺牲。第三，"以血还血"，表现敖德萨革命群众看到用汽艇载到岸上的华库林楚克的尸体，义愤填膺，纷纷声援起义水兵。第四，"敖德萨阶梯"，表现人群在石阶上向水兵致意，沙皇军队赶来向手无寸铁的市民开枪射击，血肉横飞；舰上水兵向总参谋部开炮，轰毁正门。第五，"战斗准备"，表现远处驶来的海军舰队上的水兵们做好战斗准备的场景。沙皇海军舰队的士兵拒绝向自己的兄弟开炮，波将金号战舰上红旗飘扬，驶向大海！

影片具有史诗般的规模，主题重大，冲突鲜明，既有宏伟的群像，又有细节的描写。丰富的蒙太奇手法和准确恰当的节奏使这部史诗片充满激情。敖德萨阶梯大屠杀一段不仅气势磅礴，而且蒙太奇切换手法充分体现了惊心动魄的场面和感情的起伏。如果这部影片是电影史上的经典之作，那么敖德萨阶梯则是经典中的经典。镜头剪接精准，影像冲击力强，其中母亲眼看婴儿车滚下石阶的一段尤令人震撼。这部影片的诞生，标志着爱森斯坦的蒙太奇理论向前发展了一大步，其对世界电影的影响也更为明显。

爱森斯坦的电影理论，在影片的总体结构、蒙太奇、声画框架、单镜头画面的结构、色彩以及电影史等领域，都进行了多方面的开创性的研究。此外，他关于艺术激情的本质、艺术方法、接受心理学等方面的著作，也在他的理论遗产中占据重要的地位。世界各国的电影界对他的艺术理论都给予了相当大的重视。苏联出版了《爱森斯坦文集》（6 卷）。

巴赞（1918—1958 年）是法国电影理论家、影评家。1918 年 4 月 8 日生于昂热，1958 年卒于马恩河畔布里。巴赞的主要论述收入论文集《电影是什么？》（4 卷本）。巴赞主张真实美学，反对唯美主义，他创立了电影写实主义的完整体系。

针对日趋盛行的蒙太奇理论，巴赞提出了尖锐的批评，并倡导长镜头理论。他认为："叙事的真实性是与感性的真实性针锋相对的，而感性的真实性是首先来自空间的真实。"蒙太奇理论的处理手法，是在"讲述事件"，这必然要对空间与时间进行大量的分割处理，从而破坏感性的真实。长镜头理论的目的在于"记录事件"，它"尊重感性的真实空间和时间"，要求"在一视同仁的空间同一性之中保存物体"。

巴赞认为，电影的基础是摄影，而摄影的独特之处在于其本质上的客观性。电影的发明满足了人类自古以来用逼真的模拟物替代外部世界的心理愿望。巴赞提出的长镜头理论几乎在一切方面与蒙太奇理论相对立：蒙太奇基于讲故事的目的而对时空进行分割处理，长镜头追求在叙述中保留时空的相对统一；蒙太奇的叙事性决定了导演在电影艺术中的自我表现，而长镜头记录性决定了导演的自我消除；蒙太奇理论强调画面之外的人工技巧，而长镜头强调画面固有的原始力量；蒙太奇表现的是事物的单含义，具有鲜明性和强制性，而长镜头表现的是事物的多含义，它有瞬间性与随意性；蒙太奇引导乃至强迫观众进行选择，始终使观众处于一种被动的地位；而长镜头则提示观众进行选择，让观众"自由选择他们自己对事物和事件的解释"。

巴赞的电影写实主义理论体系对 20 世纪 50 年代西方电影创作产生过重大影响，实际上他是法国新一代电影导演的精神领袖，新浪潮影片正是他的理论的实践。20 世纪 70 年代，在西欧兴起

205

的电影符号学对巴赞的电影观念提出了全面挑战，批评巴赞的理论是纯粹的"理想主义"。

黑泽明

黑泽明（Kurosawa Akira，1910—　）是日本电影导演。黑泽明在他50年的电影生涯中共导演了近30部电影，获得了30多个著名的奖项。他独特的电影表现手段、触及人类情感秘密的电影主题，令西方影人心醉神迷，影响了斯皮尔伯格、卢卡斯、科波拉等一代西方导演。

黑泽明以恢宏的气势、浓郁的色彩、针锋相对的对峙与冲突、别具一格的影像造型，向观众展示了人生的痛楚、疯狂、欲望、毁灭、欢乐、解脱、温情、迷惘等种种景象，深刻无情地解剖和展示了人类灵魂。他虽然描写的是日本民族的现实与历史，但主旨终究是探寻人类亘古以来无法回避的本质问题：良知，动乱，伪善，伦理，贪婪，恐惧，卑微等。男主人公都带有强烈的两面性，心地善良的人往往面目丑陋、行为粗鲁；而自诩为英雄的人实际上是意志薄弱、不谙世事的蠢货；处于从属地位的女性角色都能给人留下了深刻的印象。

1950年，黑泽明导演了杰作《罗生门》，五个凶杀案的当事人和见证人说出了五个不同的结局，究竟谁说了真话，事情的本来面目又是怎样，都不得而知。影片描写了人心灵深处奇异复杂的阴影，即那种与生俱来的虚伪本质的罪孽图画：人即使到了死的时候，也是不会放弃虚伪和伪装的。

1954年，黑泽明拍摄的《七武士》被称为日本娱乐片的顶峰之作。影片描写身处古代乱世的村民委托七个流浪的武士剿灭山贼。黑泽明以超人的导演技巧，用千军万马的气势来展现七武士与山贼的搏杀，黑白影像突出了生存的险恶和人性的坚忍与勇敢。他以此表达对社会的愤恨和对弱者的同情，以及坚持不懈地伸张正义和在道义上进行斗争的决心。

20 世纪 80 年代，他拍出了一部在日本影史上制作规模最大、震撼世界影坛的娱乐巨制《影子武士》，惊险的传奇故事，辽远恢宏、撼天动地的战争场面，辅以诗化语言，激情典雅，韵味悠长，让人叹为观止。

1985 年，又一部纯粹的黑泽明电影《乱》问世，影片由莎士比亚的名剧《李尔王》改编。其探讨的主题是：人类动乱的根源来自于人本身。黑泽明采用很多大场面和长镜头，让世界的纷争、人心的涣散、个人命运的不可知，在摄影机的凝视中缓缓走过，仔细精微地透视着历史烽烟中的世情和人心。

黑泽明善于通过镜头构图和富有诗意的场景造型，以张力十足的场面来表现人物的激烈冲突。在人物造型上，黑泽明的影片有着强烈的日本传统戏剧——能剧的影响：电影中的人物性格单一，他们代表的是人性中的某个方面，是人性的一个符号；在影片的服装上，黑泽明也借鉴了戏剧服装的浓墨重彩的风格，异常华丽。黑泽明善于通过狂风、闪电、迷雾、焦躁的烈日，营造电影的氛围与基调，象征人生的处境。在黑泽明的多部电影中，常常通过淡化光影、简化人物背景以及摄影机的平视，向我们展示一种追求相对平面化的日本绘画风格。

207

希区柯克

希区柯克（Alfred Hitchcock，1899—1980 年）是英国电影导演。1899 年 8 月 13 日生于伦敦，1980 年 4 月 29 日卒于美国洛杉矶。希区柯克在生前就被公认为有史以来最伟大的电影导演。希区柯克的电影，是生与死、罪与罚、理性与疯狂、纯真与诱惑、压制与抗争的矛盾统一体，是一首首直指阴暗人心的诗。他被称为"电影界的弗洛伊德"。

他的主要作品有《"修道院"里的幽灵》《大理石里的人》《幽灵猴》《医生谋杀死人》《39 级台阶》《愿她的灵魂得以安息》《罗马惊艳》《神秘飞船的降落》《罪恶的纸牌》《老宅闹鬼记》《棺材

的秘密》《猩猩的悲剧》《人类的天性》《金蝉脱壳》《印第安人的诅咒》《倒计时》等。

希区柯克是悬念大师。他设置悬念的方法有以下几种。方法一：预先将答案告诉观众，然后将焦点集中在无辜者的命运与选择上。如在《夺命狂凶》中，观众已知道凶犯，而剧中人却不知晓，从引起紧张感。方法二：利用时间的延展与空间的封闭来制造悬念气氛。如在《惊魂记》里，诺曼在将汽车沉入河底时，希区柯克故意让汽车停顿一会儿。方法三：用不存在的或不相关的事物作为整个故事的核心。如《三十九级台阶》中的"三十九级台阶"，《蝴蝶梦》中无处不在的"R"字图案。方法四：利用道具，如《夺命狂凶》中罗斯克剔牙用的胸针。从一开始，镜头就耐心地讲解了罗斯克的这个习惯，最后这个道具引发了影片的高潮。方法五：运用画面来制造悬疑与紧张的气氛。"楼梯"与"阴影"是希区柯克最常调用的元素。《夺命狂凶》中的布兰尼在深夜到罗斯克家中寻仇时，在上楼梯时，反复切换的特写几乎令人窒息，因为你无法了解将要发生的事情。

希区柯克是心理大师，很能揭示人的阴暗心理。希区柯克对观众的阴暗心理控制自如。在《美人计》的最后，观众大多同情那个即将被同伙谋害的塞巴斯蒂安，尽管他下毒想置美丽的褒曼于死地。在《夺命狂凶》中，变态杀人狂罗斯克在寻找遗失的罪证那个过程中，观众几乎一致希望他找到。希区柯克也经常故意将反面角色塑造得风度翩翩、幽默有趣。《海外特派员》中的费希尔起初就是一位我们同情的和平主义者，后来发现他是个恶棍，但我们仍保留着对他的同情。在《间谍末日》里，希区柯克甚至让那个德国间谍比我们的主人公更可爱些。同情罪犯的情绪完全来自希区柯克对画面语言的把握。此外，希区柯克的电影中暗含黑色幽默、性虐待、婚姻危机、窥视倾向，直指人性的阴暗面。

第四节　中国电影概述

<table>
<tr><td>

**中国电影的
发展历程**

</td><td>

　　中国电影的发展经历了四个阶段：新中国成立前电影诞生；新中国成立至 20世纪 70 年代末；20 世纪 80 年代；20 世纪 90 年代至今。

</td></tr>
</table>

一、中国电影诞生于新中国成立前

　　1905 年，北京丰泰照相馆老板任庆泰拍摄的中国第一部电影《定军山》，开始了中国电影的尝试阶段。尝试阶段主要是学外国人拍片和放映外国影片。当时的电影公司有任庆泰、张石川、黎民伟、鲍庆甲等人开办的"丰泰""新民""华美""商务"等。

　　1926 年后，中国电影进入商业竞争阶段。由于《孤儿救祖记》一片的成功，中国电影开始兴盛起来。电影公司迅速增长，出现了上海影戏公司、明星影片公司、大中华百合影片公司、民新影片公司、长城影片公司、神州影片公司、天一影片公司以及"大中国""友联""开心""新人"等。这时，拍电影的着眼点以营利为目的。根据观众的口味，大家都竞相投拍"古装片""武侠片""神怪片"，影片粗制滥造，不顾艺术质量。以前的电影探索变成了商业竞争，特别是"武侠片"很受欢迎。当时红极一时的《火烧红莲寺》，其票房和社会人气达到了登峰造极的地步。在以后的 3 年内，为满足观众的要求，《火烧红莲寺》的续集竟拍了 18 集之多。在整个 1929 年至 1931 年期间，上海的 50 余家影片公司，共拍了 250 余部武侠电影，占全部出产影片的 60%。

　　大革命失败后，中国电影业面临困境。社会的动荡、电影商业的竞争，和"一·二八"事变发生后战争炮火的直接破坏，阻碍了电影业的发展，许多小公司倒闭，大公司也遇到了困难。

抗日战争全面爆发后，中国电影形成了国统区、租界区、沦陷区和共产党根据地四个区域。四个地区电影的发展情况各不一样，电影更多的是从不同角度表现战争对人们的生活情感上的影响和从不同方式表达支持抗日的决心。史东山的《保卫我们的土地》是抗战时的第一部故事片。在这个时期，有很多影片不断产生，如何非光的《东亚之光》，被誉为银幕上"一柄正义之箭"。上海"孤岛"的电影具有浓厚的商业气息，数量多，古装片最为突出，其中以《木兰从军》的影响最大。抗战故事片具有两种倾向：纪实风格和通俗化。

抗战胜利后的电影分为国统区电影和解放区电影。四大家族在接收敌伪电影财产的基础上，对敌后电影实行"官办"。当时的国民党当局接收了"满映""华北""华影"等敌伪电影机构及财产，扩充和重建了"中电""中制""农教""中教"等机构，电影资产迅速膨胀。仅"中电""约值时价不下 100 亿元"。中国电影在整体艺术水平上取得了突出的成就，出现了《八千里路云和月》（史东山）、《一江春水向东流》（蔡楚生、郑君里）、《新闺怨》（史东山）、《哀乐中年》（费穆）等好作品。1948 年，中国第一部彩色片《生死恨》诞生。

解放区的电影事业是从 1938 年 9 月成立的八路军总政治部电影团（后来习称"延安电影团"）开始的。袁牧之、吴印咸、徐肖冰等人在极其艰难的环境中，克服重重困难，在苏联电影界和荷兰电影家伊文思的热心帮助下，开始了人民电影事业的艰难创业历程。后来，解放区有东北电影制片厂（"东影"）、延安电影制片厂（"延影"）与华北电影队（"华影"）。"东影"出品了纪录片《民主东北》、木偶片《皇帝梦》、科教片《预防鼠疫》、动画片《瓮中捉鳖》、翻译片《普通一兵》、短故事片《留下他打老蒋》、长故事片《桥》等，成绩颇丰，充分发挥了作为解放区电影主要基地的重要作用。"延影"创作者们选点扎根，放下架子，在深入与熟悉新的生活的过程中，开拍故事片《边区劳动英雄》。影片虽因国民党军队进逼延安而未最终完成，但仍然为以后的工作提供了初步经验。华北电影队主要拍摄了纪录片及新闻素材，注意运用电影手段开展宣传活动，反映华北地区广大军民的英雄业绩，为解放区新电影的发展以及整个抗战胜利后电影创作的繁荣作出了贡献。显然，无论是东北电影制片厂、延安电影制片厂，还是华北电影队，它们的创作活动都有特色，紧贴时代。

二、新中国成立至 20 世纪 70 年代末

1949 年 10 月 1 日，中华人民共和国宣告成立，中国电影从此进入一个新纪元，开始了一个崭新的里程。

新中国成立后，模仿苏联电影的管理体制，建立起了一个从管理到生产、经营的完整的、配套的新中国电影事业体制。1953 年，在苏联专家的帮助下，我国制订了第一个五年计划中的电影管理计划。对制片厂实行行政指令性管理，建立了摄制工作制度和制片主任制度及制片生产的各项规定。在发行方面，把中国影片经理公司改组为中国电影发行放映公司，有一级政府就有一级电影发行放映公司，以加强放映工作的统一管理，形成了从中央到地方垂直管理的电影发行体制。

新中国成立后十七年的中国电影与政治关系十分密切，经历了三起三落。

新中国成立初期，出现了一批优秀的影片，如《我这一辈子》（石挥）、《腐蚀》（佐临）等。1951 年 3 月 8 日举行"国营电影厂出品新片展览月"，展览了很多优秀的作品，体现了中国电影的繁荣。1951 年 5 月，开始对电影《武训传》的批判及文艺整风运动，电影创作一度转入低谷。1956 年，在党的领导下，电影事业有了

第二次发展，而 1957 年的反右运动和 1958 年知识界的拔白旗运动又一次使电影受挫。到 1959 年，在党的号召下，电影又走向高潮，不但有彩色片，还成功地引进国际流行的彩色宽银幕立体声电影。我国的第一部彩色宽银幕立体声故事片是《我们村里的年轻人》（苏里）。

新中国成立后的十七年中，优秀的影片有：《我这一辈子》（石挥）、《腐蚀》（佐临）、《桥》（新中国第一部故事片）（王滨）、《南征北战》、越剧片《梁山伯与祝英台》（这是新中国第一部彩色片）、《渡江侦察记》、《柳堡的故事》、《女篮五号》、《羊城暗哨》、《黄宝妹》（"纪录性艺术片"的代表作）、《风筝》（第一部中外合拍故事片）、《刘三姐》（新中国第一部彩色歌舞片）、《红色娘子军》（第一届百花奖最佳故事片奖）、《冰山上的来客》、《小兵张嘎》、《早春二月》、《野火春风斗古城》、《英雄儿女》、《雷锋》、《小铃铛》、《霓虹灯下的哨兵》、《阿诗玛》、《地道战》、《烈火中永生》、《舞台姐妹》。

1959 年，中国电影代表团携片参加第一届莫斯科国际电影节。《老兵新传》获电影节技术成就奖，《小鲤鱼跳龙门》获动画片银质奖。

新中国成立后的十七年中，电影创作是在传统的链条上进行创新，其特点为：① 具有现实性和时代感；② 注重人物形象的塑造；③ 造就了一批艺术家；④ 继承了我国优秀的民族文艺传统，创造出了一批不同风格样式的、群众喜闻乐见的、具有中国特色的影片。

在"文化大革命"时期，影片大多是为了迎合"文化大革命"的政治需要，内容严重歪曲现实，人物形象苍白，呈现出公式化、雷同化的倾向。根据在"所有人物中突出正面人物，在正面人物中突出英雄人物，在英雄人物中突出主要英雄人物"的"三突出"原则，电影开始了"样板戏"的舞台艺术片摄制工作。表现形式也有一套刻板僵化的模式，即在景别、灯光运用、人物造型、镜头角度上必须做到"敌远我近，敌暗我明，敌小我大，敌俯我仰"。

在"文化大革命"时期，首先盛行样板戏——京剧《智取威虎山》《红灯记》《沙家浜》《海港》《奇袭白虎团》，芭蕾舞剧《白毛女》《红色娘子军》和《交响音乐沙家浜》；后来又陆续有了几部"革命现代京剧"——《龙江颂》《平原作战》《红色娘子军》《杜鹃山》《磐石湾》等。在"文化大革命"时期，故事影片停拍了数年，大约于 1973 年恢复。第一批公映的有四部：《火红的年代》《艳阳天》《青松岭》《战洪图》。大约是在 1975 年，出现了"优秀故事片"六部（类似现在的华表奖）：《春苗》《第二个春天》《决裂》《青松岭》《闪闪的红星》《难忘的战斗》。

1976—1978 年为拨乱反正时期。1976 年，《创业》《海霞》《园丁之歌》等受到"四人帮"批判的电影在全国恢复上映。1978年，水墨动画片《小蝌蚪找妈妈》在南斯拉夫第 3 届萨格勒布国际动画电影节上获一等奖。动画片《大闹天宫》（上、下集）在英国第 22 届伦敦国际电影节获最佳影片奖。1979 年的重要影片有：《归心似箭》《小花》《生活的颤音》《苦恼人的笑》等。

三、20 世纪 80 年代

1984 年 5 月，文化部正式提出成立中国电影总公司的体制改革方案。1985 年 1 月，电影局在广州召开电影体制改革座谈会，提出简政放权、政企分开和扩大制片业与发行业经营自主权的主张。同年，同意在一些地区对部分影片的票价实行浮动，以缓和电影收入的下降趋势。电影的价格体制在经历了 35 年之后（始终维持在 20 世纪 50 年代的 0.20～0.35 元），终于在市场竞争的冲击下出现了初步的松动。

然而，随着录像业、歌厅和综合文化娱乐业的兴起，特别是电视的日渐普及，电影观众出现了明显的分流。1984年仅一年时间，电影观众就减少了52亿人次。1986年1月，电影局从文化部划归广播电影电视部领导；1986年，全国电影市场进一步萎缩，全国三分之一左右的发行企业亏损，许多放映单位改营他业。迫于市场的压力，电影迅速走向娱乐化、类型化。

本时期的重要影片有：《巴山夜雨》《天云山传奇》《西安事变》《喜盈门》《邻居》《沙鸥》《被爱情遗忘的角落》《乡情》《城南旧事》《人到中年》《牧马人》《骆驼祥子》《咱们的牛百岁》《血，总是热的》《夕照街》《我们的田野》《猎场扎撒》《野山》《良家妇女》《黑炮事件》《红高粱》《老井》《人·鬼·情》《孩子王》《太阳雨》《我只流三次泪》《最后的疯狂》《芙蓉镇》《开国大典》等。

1983年，《泉水叮咚》在意大利第13届吉福尼国际儿童电影节上被评为一等奖。

1987年，《老井》获第二届东京国际电影节大奖。

1988年，《红高粱》在第38届西柏林国际电影节上获得"金熊奖"。这是我国第一次在欧洲三大国际电影节上获得最高奖。《芙蓉镇》在捷克斯洛伐克第26届卡罗维发利国际电影节上获电影节大奖。

1989年，《金猴降妖》、木偶片《神医》分别获得美国第六届芝加哥国际儿童电影节动画故事片一等奖、动画短片一等奖。

四、20世纪90年代至今

1993年元月，"广电字〔3〕号文件"即《关于当前深化电影行业机制改革的若干意见》及其《实施细则》（征求意见稿）打破了中影公司的全国垄断经营局面。但是，各省级公司在自己的行政区域内独家经营、垄断发行以及发行行业中间环节过多的局面仍然普遍存在。1994 年 8 月 1 日,广电部电影局下发了《关于进一步深化电影行业机制改革的通知》(1994 年 348 号),明确影片(著作权)发行权拥有单位可以直接向北京等 21 家省市(11 家老、少、边、穷省区除外)的各级发行、放映单位发行自己的影片。1995 年 1 月,当时广电部《关于改革故事影片摄制管理工作的规定》(广发影字〔1995〕001 号)出台。根据文件规定,全国拥有故事片出品权的不再仅仅是原来的 16 家制片厂,一大批一直未得承认的省级电影制片厂终于赢得了自己的影片出品权。山东厂、浙江厂、山西厂等分别投拍了《孔繁森》《信访办主任》《刘胡兰》等重点题材影片。1997 年,制片权(出品权)进一步放开,无论是"机关、企业、事业单位和其他社会团体",还是"个人以资助、投资的形式",都可"参与摄制电影片"。1997 年的改革则完全取消了国有制片企业的垄断保护权力。北京紫禁城影业公司因《离开雷锋的日子》而一炮走红。同时,单片发行权开始放开。《鸦片战争》以民间集资的方式操作,电影局则对这家没有单独出品权的公司首次给予了影片单独发行权,在政策方面让其享有同峨眉电影制片厂发行此片时一样的权利。同年,地处深圳的南国影联也开始了从放映行业争取单片发行权的第一步。这家以放映为主的股份公司,于 1997 年 10 月以委托代理方式购买了合拍影片《联合出击》的国内版权。从 2002 年开始,由于颁布了新的《电影管理条例》,一些民营机构也拥有了独立拍摄电影的条件。这进一步促使民营资本注入电影制片业中来,从而为电影制片业带来新鲜血液。"广东巨星""华谊兄弟""北大华亿""中博时代""海润"等一些民营影视制作机构迅速成长,它们以其独特的理念和手法成为电影界一支不可忽视的力量。

发行放映业的机制改革主要体现在"院线制"的推广上。院线制是指由一个发行主体以资本和供片为纽带,与若干影院组合,实行统一品牌、统一排片、统一经营、统一管理的发行放映机制。

2002 年 6 月 1 日，全国 23 个省（市）的 30 条院线正式挂牌营业。通过院线制，《星球大战 2：克隆人的进攻》仅 10 天，30 条院线的票房就突破 2000 万元。农村电影放映推行"2331"工程和"西新工程"，也取得了一定的成绩。

这一阶段重要的影片有《焦裕禄》《我的九月》《北京，你早》《老店》《龙年警官》《血色清晨》《大决战之一——平津战役》《大决战之二——淮海战役》《过年》《火焰山来的鼓手》《留守女士》《站直啰，别趴下》《秋菊打官司》《香魂女》《阙里人家》《大撒把》《新龙门客栈》《蒋筑英》《三毛从军记》《重庆谈判》《霸王别姬》《无人喝彩》《炮打双灯》《被告山杠爷》《背靠背、脸对脸》《二谟》《孔繁森》《九香》《七七事变》《大辫子的诱惑》《赢家》《鸦片战争》《大转折》（上下）《红河谷》《南线大追歼》《席卷大西南》《安居》《长征》《不见不散》《离开雷锋的日子》《一个都不能少》《黄河绝恋》《紧急迫降》《大战宁沪杭》《洗澡》《生死抉择》《寻枪》《开往春天的地铁》《我的兄弟姐妹》《邓小平》《美丽的大脚》《冲出亚马逊》《和你在一起》《卡拉是条狗》《英雄》《惊涛骇浪》《暖》《十面埋伏》《手机》等。

1990 年 2 月，《本命年》获得第 40 届柏林国际电影节银熊奖。赵丽蓉因《过年》一片而获得日本东京国际电影节最佳女主角奖。

1991 年，《哦，香雪》获得第 41 届柏林电影节儿童片奖。这是中国电影第一次获得这一奖项。《大红灯笼高高挂》在威尼斯国际电影节上获得银狮奖。

1992 年，《秋菊打官司》在威尼斯国际电影节上获得金狮奖。

1993 年，《香魂女》和《喜宴》同时获得第 43 届柏林电影节金熊奖。

2003 年，中国第一部数字电影《冬至》摄制完成。《英雄》创下了 2.5 亿元的票房纪录。

中国导演

在电影艺术中，导演是影片的灵魂。经过几代电影人的百年奋斗，中国电影已经成为世界电影阵营中一支不可忽视的力量。中国六代导演群体像接力运动员一样成就了中国电影的辉煌。

一、第一代导演：拓荒

第一代导演大致活跃于 20 世纪初叶到 20 年代末。此时的电影发展处于默片时期。这一代导演约有 100 人，代表人物有郑正秋、张石川、杜宇、杨小仲、邵醉翁等，其中尤以郑正秋、张石川的成就最大。

在艺术上，第一代导演还处于摸索阶段。作为中国电影的奠基者，第一代导演从中国传统的叙事艺术和舞台戏曲中借鉴了很多手法，电影更像是舞台剧的延伸。在布景、表演、拍摄等方面依旧留有舞台剧的痕迹。在内容上，第一代导演重视电影的社会教化作用，但也难免有浅陋芜杂之嫌，作品充满了商业化气息。第一代导演在既缺乏经验，拍摄条件又非常简陋的情况下，创作了中国第一批故事片：第一部短故事片《难夫难妻》、第一部长故事片《黑籍冤魂》、第一部有声故事片《歌女红牡丹》、第一部武侠片《火烧红莲寺》、第一部劳工片《劳工之爱情》、第一部体育片《二对一》、第一部系列电影《火烧红莲寺》（先后拍了十八集）。

郑正秋（1888—1935 年），原名郑芳泽，号伯常，笔名药风，广东潮阳人，集编、导、演于一身。张石川（1889—1953 年），原名伟通，字蚀川，浙江宁波人，导演。他们两人是"心同志合情逾骨肉的朋友"，堪为中国电影史上合作的典范。他们共同编导了 40 多部作品，对中国早期电影事业有重要的奠基作用。他们的代表作品有《难夫难妻》《孤儿救祖记》《自由之花》《春水情波》《姊妹花》《女儿经》等。

《难夫难妻》以广东潮州地区的封建买卖婚姻习俗为题材，写一对素未谋面的少男少女在人们的摆布下成婚的故事，反映了封建制度下婚姻的可笑与可悲。《孤儿救祖记》暴露了封建家庭的内部矛盾和掩盖在伦理、纲常关系下的人与人之间的金钱关系，张扬中国传统道德规范和伦理、纲常秩序，体现出中国早期电影明确的社会功利观与直面现实的"问题"意识。《姊妹花》创作视野进一步从家庭扩展到社会，反映了阶级对立、贫富悬殊、军阀混战的生活现实。故事雅俗共赏，使得该片创下连映 60 天的记录，创造了当时中国票房的最高纪录。他们的电影内容涉及"野蛮婚姻""妇女沉沦""都市罪恶"等社会问题，并在影片中为每个问题都提出了不无人道主义色彩的解决途径，形成了贴近社会、立意教育、着重人伦的独特传统。

二、第二代导演：站立

中国"第二代导演"主要活动时间是在 20 世纪三四十年代，部分导演一直到 20 世纪五六十年代甚至八十年代仍工作在电影岗位上。这一代导演主要有程步高、沈西苓、蔡楚生、史东山、费穆、孙瑜、袁牧之、应云卫、陈鲤庭、郑君里、吴永刚、沈浮、汤晓丹、张骏祥、桑弧等。

第二代导演完成了中国电影从默片到有声片的转变。在艺术上，他们最大的特点是写实主义，同时注意把"写实"和电影化结合起来，逐渐摆脱舞台的局限，充分发挥电影艺术之长。第二代导演是在左翼电影运动的影响下开始电影创作的，他们遵循反帝反封建的制片路线，追随时代前进的步伐，贴近社会生活，摄制了一大批表现工人、农民、妇女和知识分子生活和斗争的影片。可以说，中国电影从这一代导演开始，显示出自己独立的价值。

在 20 世纪三四十年代这个特殊的历史时期，不管是进步电影还是回避政治的商业片，都空前繁荣，形成了中国电影的第一个黄金时代，使上海变成了东方好莱坞。

1. 蔡楚生

蔡楚生（1906—1965 年），广东潮阳人，被誉为"中国进步电影的先驱者""中国现实主义电影的奠基人"。蔡楚生导演的影片艺术特色鲜明，故事曲折动人，人物性格刻画细腻，从多侧面表现了中华民族传统的伦理道德。1933 年导演的《都市的早晨》是他的成名作。《渔光曲》和《一江春水向东流》（与郑君里合导）分别创造了当时国产影片最高上座的纪录。1935 年 2 月，《渔光曲》在莫斯科国际电影节上获"荣誉奖"，使中国电影首次享誉国际影坛。新中国成立后拍摄的《南海潮》，曾获大众电影"百花奖"最佳影片。

2. 郑君里

郑君里（1911—1969 年），原籍广东中山，生于上海，演员、导演、电影理论家。1930 年参加左翼戏剧家联盟。代表作有《枯木逢春》《林则徐》《聂耳》。《枯木逢春》体现了他在探索民族化道路上不懈的进取精神。而《林则徐》《聂耳》则达到了当时传记片艺术创作的高峰。长期以来，他还致力于电影、戏剧的翻译和著述。1936 年，出版中国第一部电影史著作《现代中国电影史略》，论著有《角色的诞生》《画外音》等，译著有《演讲六技》《演员自我修养》等。

3. 费 穆

费穆（1906—1951 年），生于上海，祖籍江苏吴县。他擅长以生动的细节描绘人物的心理活动，并调动电影的各种元素为塑造人物服务。1933 年，其导演的处女作《城市之夜》公映，轰动了上海滩。1935 年，他与罗明佑联合导演的《天伦》开创了中国电影的两项第一：第一部从头至尾配上音乐的影片，第一部采用中国传统古乐和民间音乐的影片。1936 年导演的《狼山喋血记》，被认为是国防电影的代表作。1947 年，他执导了由京剧大师梅兰芳主演的戏曲片《生死恨》，此片成为中国第一部彩色影片。代表作《小城之春》是一部具有高度艺术性和电影化的作品，20 世纪80 年代被海外影评家评为中国电影十大名片之首，为中国电影赢得了世界性的声誉。

4. 孙 瑜

孙瑜（1900—1990 年），曾留学美国，是我国第一个在国外受过专业教育的电影艺术家。其影片借鉴西方戏剧结构和新颖的电影手法，重视镜头的美感和剪辑的流畅，被尊为"电影诗人"。他还是中国最早使用升降机的导演、中国电影歌曲首创者。孙瑜编导的故事片有《风流剑客》《故都春梦》《小玩意》《大路》《长空万里》和《火的洗礼》等；1951 年《武训传》遭到批判后，又执导了《乘风破浪》《鲁班的传说》和《秦娘美》。著有《孙瑜电影剧本选集》《银海泛舟》。

5. 汤晓丹

汤晓丹（1910 年—　　）出生于福建华安。1932 年开始执导影片，是国内最早一批拍有声商业片的导演。《白金龙》让邵氏公司一炮而红，其后的《糊涂外父》也十分卖座。他的商业片能抓住观众的心理，制造出好的喜剧效果。《南征北战》（与成荫联合）、

《红日》、《渡江侦察记》等知名主旋律影片是其代表作。1977 年后，他又以极大的热情先后导演了《祖国啊，母亲》《南昌起义》《廖仲恺》等片，充分显示了他把握历史、处理大事件、塑造历史人物的艺术功力。他的影片遵循严格的现实主义创作态度，具有浓郁的民族特点，故事性强，符合广大观众的审美观。2004 年，他获得第 24 届中国电影金鸡奖终生成就奖。

6. 吴永刚

吴永刚（1907—1982 年），生于江苏吴县。1932 年后参加影片《三个摩登女性》《母性之光》的拍摄工作。1934 年编导处女作《神女》，由此一举成名。1936 年的国防影片《壮志凌云》，体现了团结抗敌的时代精神，使他成为 20 世纪 30 年代的著名导演。新中国成立后，他导演了新中国第一部表现土地改革的影片《辽远的乡村》。1961 年，他接连拍摄了戏曲片《碧玉簪》和《尤三姐》，堪称戏曲电影的精品。1980 年与吴贻弓合作的《巴山夜雨》是他艺术创作的高峰之作。吴永刚一生治学严谨，素以"艺贵真实"律己。在导演艺术上讲求质朴、真实，形成了独特的素描风格，成功地塑造了具有鲜明个性的人物群像。

三、第三代导演：讴歌

中国电影导演的"第三代"是指新中国成立后走上影坛的导演艺术家，主要有成荫、谢铁骊、水华、崔嵬、凌子风、谢晋、王炎、郭维、李俊、于彦夫、鲁韧、王苹、林农等。第三代导演拥有新生中国豪情，他们的主题为讴歌新中国或讴歌革命战争年代的英雄精神，如《南征北战》《青春之歌》《红色娘子军》《小兵张嘎》《烈火中永生》《红旗谱》《闪闪的红星》；或讴歌新时代的战斗豪情，如《创业》《海霞》等；或鞭策丑恶，讴歌美好人性，如《芙蓉镇》《骆驼祥子》《边城》《天云山传奇》《牧马人》《高山下的花环》等。第三代导演遵循现实主义原则，表现生活的本质，在民族风格、地方特色、艺术意蕴等方面，也进行了十分有益的探索。

1. 谢 晋

谢晋（1923—2008年）是第三代导演中最为引人注目的。他执导了36部影片，先后获得国内大奖23次、国际大奖10余次，许多国家和地区为他举办过个人电影回顾展。谢晋1947年开始电影导演生涯，代表作品有《女篮五号》《红色娘子军》《啊！摇篮》《天云山传奇》《牧马人》《高山下的花环》《芙蓉镇》《最后的贵族》《清凉寺钟声》《老人与狗》《鸦片战争》《女足九号茧自缚》。其中，《女篮五号》（1957年，兼编剧）是他的成名作，也是中国第一部彩色体育故事片。《红色娘子军》是他前期的重要作品。1997年导演的《鸦片战争》是一部气势磅礴的历史题材影片。谢晋导演的电影几乎都是中国电影史上的经典，他也被海外影评家誉为"当今国际影坛最有名望的中国人"。谢晋不但在艺术上有创新精神，而且具有社会责任感，致力于创作出真正具有精神价值、人文关怀、经得起历史检验的作品。谢晋共6次获得"百花奖"，这在中国电影史上是绝无仅有的。

2. 凌子风

凌子风（1917—1999年），原名凌颂强，生于北京，1948年开始执导影片。其主要作品有《中华儿女》（与翟强合作）、《光荣人家》、《陕北牧歌》、《春风吹到诺敏河》、《母亲》、《深山里的菊花》、《红旗谱》、《春雷》、《李四光》、《骆驼祥子》、《边城》、《春桃》、《狂》。他导演的第一部影片《中华儿女》展示了人民群众日益高涨的抗日热情，是新中国最早得到国际荣誉的影片之一。1960

年他执导了影片《红旗谱》，在处理革命历史题材上为后人提供了宝贵的经验。"文化大革命"结束后，凌子风的艺术创作进入鼎盛时期。他把自己的创作视角集中到对现代文学名著的改编上，将老舍、沈从文、许地山、李劼人的作品接连推上银幕。《骆驼祥子》《边城》《春桃》和《狂》中的女性形象塑造，构成了凌子风的创作特色。

3. 谢铁骊

谢铁骊（1925 年—　），江苏淮阴人，从影五十余载，编导影片二十余部。其代表作品有《暴风骤雨》、《红楼梦》（系列片，共六部）、《海霞》、《早春二月》、《清水湾，淡水湾》、《知音》、《大河奔流》、《包氏父子》、《月落玉长河》。其中，《暴风骤雨》《早春二月》堪称新中国电影的经典之作。20 世纪 80 年代，谢铁骊把鸿篇巨制《红楼梦》分为六部搬上了银幕，以细致入微的表现手段再现了封建制度的挽歌。20 世纪 90 年代，先后导演了《月落玉长河》《天网》等优秀影片，获得第十届中国电影"金鸡奖"最佳导演奖、中国电影世纪奖导演奖。谢铁骊的导演艺术既有浓郁的民族特色，又具有新颖脱俗的艺术魅力，能将深刻的思想内容、缜密的情节结构、精细的人物刻画融汇在一起。

4. 崔嵬

崔嵬（1912—1979 年），原名崔景文，主演过《宋景诗》《海魂》《老兵新传》《红旗谱》等影片。导演作品有《青春之歌》《北大荒人》《小兵张嘎》《天山上的红花》等。《小兵张嘎》最具特色的是运动长镜头的运用，当时西方的长镜头理论还没有传到中国，这种探索显得十分可贵。《青春之歌》像一首优美而激昂的长诗，在新中国电影史上占有重要的地位。在美学思想上，崔嵬追求电影的群众化、民族化，并为此进行了不懈的探索。崔嵬还先后导演了《杨门女将》《野猪林》等戏曲艺术片。他在传统的戏剧程式化表演中，融入对角色的体验，大大增加了原戏的感染力。

5. 成 荫

成荫（1917—1984 年），原名成蕴保，出生于山东曹县。他一生共编导了 20 余部影片，以拍摄革命战争题材和革命历史题材影片著称。他的代表作有《钢铁战士》《南征北战》《万水千山》《拔哥的故事》（上下集）以及《西安事变》等。《西安事变》标志着成荫的导演艺术达到高峰。成荫影片的显著特点是：着力于表现重大历史事件，把历史真实、生活真实和艺术真实结合起来，把广阔的历史背景和众多个性鲜明的人物形象结合起来，始终不渝地坚持革命现实主义道路。

6. 水 华

水华（1916—1997 年）早在 20 世纪 30 年代便投身左翼戏剧运动，1949 年后转入电影界任导演，共拍了 7 部故事片——《白毛女》《林家铺子》《烈火中永生》《革命家庭》《鸡毛信》《伤逝》《蓝色的花》。作品虽然不多，但部部精彩。他的成名作是《白毛女》，别具匠心的银幕显现，使原剧固有的民族特色更为鲜明生动。《林家铺子》是水华的巅峰之作，曾于 1983 年在葡萄牙第 12 届菲格拉达福兹国际电影节中获评委奖。

7. 王 苹

王苹（1916—1990 年），本名王光珍，出生于南京。其作品有《柳堡的故事》《永不消逝的电波》《槐树庄》《霓虹灯下的哨兵》以及大型音乐舞蹈史诗《东方红》等。晚年又成功地执导了另一部音乐舞蹈史诗《中国革命之歌》。《柳堡的故事》突破了以往表现战争题材只是描写战斗的框框，像一首清新、优美的抒情诗，显示了导演的艺术胆识和追求。该影片的音乐也十分优美，尤其是插曲《九九艳阳天》，直至今天仍四处传唱。

四、第四代导演：反思

第四代电影人大多是"文化大革命"前北京电影学院、上海电影学校的毕业生构成的创作群体，他们的创作生命是从 1978年以后他们几近不惑之年才开始的。由于成熟的年龄和深思的时代氛围，整个第四代的创作高潮是伴随着历史的反思进行的，体现的是崇高的人文关怀和文化反思。第四代导演的代表人物有谢飞、郑洞天、张暖忻、黄蜀芹、滕文骥、黄建中、吴天明等。他们与第三代、第五代导演一起创造了中国电影的第二个黄金时代。

1. 谢　飞

谢飞，湖南宁乡人，1942 年出生于延安，1965 年毕业于北京电影学院，是第四代导演中最有成就和有国际影响的导演之一。其代表作品有《我们的田野》《湘女萧萧》《本命年》《香魂女》和《黑骏马》等。谢飞的作品贯穿着严肃的哲理思考和人文精神。谢飞导演的电影的常见题材是在大自然的慰藉下人性的复苏、人的心灵创伤和苦难的消解、生命意识和人格理想的重新振奋。谢飞导演的电影具有浓郁的民族意味和东方气质，因而引起了欧美电影界的注目。

2. 吴贻弓

吴贻弓，1938 年出生，浙江杭州人，1960 年毕业于北京电影学院导演系。吴贻弓继承先辈对诗的电影语言的探索成果，大量运用空镜头，使人物融入环境，环境渗透人物性格，营造气韵深远的意境。《城南旧事》为中国的散文电影提供了一个珍贵的范本。

3. 黄蜀芹

黄蜀芹，1939 年出生，广东番禺人，1964 年毕业于北京电影学院。书写女性、关怀女性是她的关怀和取向。《人·鬼·情》以虚实结合的形式描绘了一位戏曲女演员坎坷的一生，其现实世界与虚幻世界相交叉的表现手法，使该片达到了较高的艺术境界，奠定了她在中国电影史上不可取代的地位。

4. 吴天明

吴天明，1939 年生于陕西三原，在西安电影制片厂先后做过场记、副导演、导演、厂长。深厚的文学造诣、对电影艺术经验的深厚积累、浓重的民族情感、强烈的艺术责任感，成就了吴天明电影质朴而凝重的独特风格。吴天明以深沉、饱含忧患意识的目光观察生活，用艺术的手法去发现、弘扬美好的东西，在长期的电影实践中形成了自己浓郁的民族特色。《人生》《老井》真实再现了中国北方贫瘠山村的生活风貌；《首席执行官》让人感受到他对改革开放浪潮中的祖国的热切关注，对发展、前进的渴望和企盼；《变脸》《非常爱情》则是对在商业狂潮中依然涌动的人间真情的倾情颂歌。

5. 翟俊杰

翟俊杰，1941 年出生，河南开封人。1963 年考入解放军艺术学院表演系，1982 年进入北京电影学院编导进修班学习。在第四代导演中，翟俊杰擅长导演革命战争题材的影片，代表作有《血战台儿庄》、《大决战——辽沈战役》（上下）、《大决战——平津战役》（上下）、《大决战——淮海战役》（上下）、《金沙水拍》、《长征》等。这些革命战争题材影片强调在纪实的风格中塑造出血肉兼备的人物，在战争影片史上取得了艺术的突破，表现出深厚的艺术功力。

五、第五代导演：走向世界，走向市场

第五代导演为北京电影学院 78 级的学生，也包括虽不是北京电影学院 78 级的同学，但在广义上属于中国电影第五代的导演。代表人物有陈凯歌、张艺谋、田壮壮、李少红、姜文、何平、冯小刚等。改革开放的历史潮流将第五代导演推向了世界。

1. 中国电影走向世界

中国电影第五代导演赶上了改革开放的好时代，他们毕业于中国电影百废待兴、人才断代而全社会思想又十分解放的时代，所以他们很快就有了大显身手的机会。他们以创新、前卫的观念驾驭自己的电影创作，很快就拿出了面貌焕然一新的作品。他们积极融入国际时尚的审美潮流，很快就登上了国际电影节的领奖台。中国电影第五代导演登上影坛后，第一批冲出亚洲走向世界的作品有《黄土地》《一个和八个》《盗马贼》等。1988 年初，张艺谋导演的《红高粱》获得西柏林电影节"金熊奖"。这是一部改变中国观众审美习惯的全新风格的影片，也是中国内地电影人第一次登上世界三大电影节的最高领奖台。此后数年间，以第五代导演为主流的中国电影人频繁在柏林、威尼斯和戛纳斩金夺银。其中，尤以张艺谋的《秋菊打官司》在威尼斯电影节的登顶最为耀眼。此外，张艺谋的《菊豆》和《大红灯笼高高挂》曾先后获得奥斯卡最佳外语片提名，也是中国电影第五代导演在国际影坛上的一个亮点。

2. 中国电影走向市场

进入 20 世纪 90 年代之后，望着门前冷落车马稀的电影院，中国的影迷们开始怀念起当年影院的繁华景象，并以悲观的心情抱怨市场的衰落。其实，当年中国影院门前的热闹只能叫繁忙不

能叫繁华，我们长期在计划经济体制下享受的低票价福利也不能称为"市场"。中国真正的电影市场是在计划经济的福利支撑停止之后"置之死地而后生"的，是最近十年伴随着以中国电影第五代导演为主体的一批电影人的成熟而形成的。

中国电影第五代导演是以蔑视市场的姿态登上中国电影的历史舞台的，但中国电影的市场化却开始于并最终将完成于他们这一代人手中。20 世纪 80 年代中期，陈凯歌的《黄土地》和《孩子王》、田壮壮的《盗马贼》和《猎场札撒》等代表着中国电影第五代导演当时最前卫、最反叛、最极致水平的电影都是很少有观众的，那时尚属"愤青"的中国电影第五代导演的骨干分子们，头脑里也压根儿没有多考虑市场甚至没有市场这个概念。但是，随着他们创作心态的日益成熟，随着他们眼界的日益国际化，他们不间断的艺术探索日益与思想深度相结合，他们的电影创作日益与大众的欣赏口味相结合。从《边走边唱》到《荆轲刺秦王》，陈凯歌电影的故事性越来越强，当然其哲理思考也并未削弱。张艺谋十年来也随时揣摩观众的好恶，不断迎合电影市场随时变幻的风向。包括田壮壮后来拍的《大太监李莲英》、李少红后来拍的《红粉》等，都比他们早期的作品更富有观赏性。在中国电影第五代导演们不知不觉的转变过程中，中国电影越来越重视来自观众、来自市场的反应，也越来越具备对抗好莱坞的眼光与能力。

外面的世界，里面的市场，中国第五代导演在 20 年间在这两条战线上都取得了巨大的胜利。

六、第六代导演：走向寻常，走向后现代

第六代导演一般是指生于 20 世纪 60 年代后期或 70 年代中后期，在 80 年代末进入北京电影学院、中央戏剧学院、北京广播

学院等高等院校，接受过正规影视教育的青年导演，其中还有一部分热爱电影的自由职业者。代表导演包括张元、王小帅、娄烨、路学长、管虎、贾樟柯等。第六代导演是在开放的、多元的文化背景下成长的，他们经历了电影从神圣的艺术走入寻常生活，降格为一种文化产品供人们消费的无奈。然而，他们的影片没有通过制造幻觉的快感向市场妥协。他们关注当下都市、边缘人物，如小偷、妓女、无业青年；在叙事策略上，他们常常在剧中人物身上融入自己的经历，或多或少带有自传色彩；在影像风格上，他们强调真实的光线、色彩和声音，大量运用长镜头，形成纪实风格。总之，第六代导演具有鲜明的后现代色彩。

1. 张　元

张元，满族，1963 年生，江苏连云港人，1989 年毕业于北京电影学院摄影系。其代表作是《过年回家》。该影片讲述的是：工厂技术员于正高和女工陶爱荣是各带一个女儿的再婚夫妇，两人常为家里的一点小事拌嘴。有一天，于正高的女儿于小琴偷拿了父亲忘在窗台上的五块钱。第二天，父亲翻箱倒柜地找那五块钱。母亲怀疑是父亲偷偷把钱给了于小琴，父亲则怀疑母亲偏袒她女儿陶兰，两人吵得很凶，提出要搜两个女儿。于小琴很害怕，偷偷把钱放到陶兰的枕头底下，结果大家在陶兰的床上搜到了钱。母亲感到很丢脸，大骂陶兰。在上学的路上，陶兰为自己辩解，于小琴轻蔑地说：谁会信你。陶兰气急了，从路边抄起一个菜农的扁担，朝于小琴打过去。于小琴死了。凌晨，陶兰蓬头垢面地回到家里。母亲担心陶兰要被枪毙，让女儿给父亲跪下。父亲捶打着自己：你不配跪，是我杀了于小琴。我为什么要娶你妈呀？母亲哭了：我害死了于小琴，又害死了陶兰。警察把陶兰带走了。十七年后，大年三十的清晨，监狱长向女犯们宣布了今年允许回家过年的犯人名单。按照我国《监狱法》的规定，对于长刑期在监狱表现好的犯人，为让他们适应社会，在刑满释放前两三年，允许回家过年。今年被允许回家过年的犯人有陶兰，这是她服刑十七年后第一次回家。再有一年她就要刑满释放了。监狱的年轻女警察陈洁今天也很高兴，因为这是她当监狱警察三年来第一次和家人一起过年三十。城关车站，许多犯人家属接到监狱的通知信都在这里等着，可没有人来接陶兰。她觉得家里人可能不欢迎她。正巧陈洁回家路过这里，她决定先送陶兰回家，再回自己的家。在监狱里关了十七年，陶兰已经完全不适应现在的城市感觉。陶兰的父母都明显地老了许多。父亲、母亲和陶兰三个人，互相看着又互相回避着眼神，不知说什么好。母亲想对女儿作出亲热的表示，又碍于父亲而克制自己。父亲独自进到里屋，关上门，母亲慌忙跟了进去，见父亲躺在床上，和十七年前于小琴去世的那个晚上一样。母亲拉陶兰到父亲身边，陶兰跪下了，父亲劝陶兰起来，说不要跪了，都在监狱里"跪"了十七年了。他让陶兰母女出去，说自己想安静一会儿。最后，父亲终于走出屋，他不想让这个家再沉浸在痛苦之中。一家三口抱在了一起。

张元的《过年回家》获得了第 56 届意大利威尼斯国际电影节最佳导演奖。2000 年 10 月 18 日，本片获得联合国教科文组织和平文化电影大奖。多年来，张元因拍摄了反映当代中国城市现实主义题材的影片而著名，并且被誉为一位中国重要导演。《过年回家》是一部反映中国司法进步、注重人间温情的感人的故事影片，描写了我国公安民警帮助监狱女犯回家过年与亲人团聚的故事。评委会认为影片《过年回家》"是一部为了和平使人与人能够互相理解而走到一起的优秀作品"。

2. 贾樟柯

贾樟柯，1970 年生于山西汾阳，1997 年毕业于北京电影学院文学系。他的代表作是《小武》：小武是个扒手，自称是干手艺活的。他戴着粗黑框眼镜，寡言，不怎么笑，头时刻歪斜着，舌头总是顶着腮帮。他常常抚摸着石头墙壁，在澡堂里练习卡拉OK，陪歌女枯燥地压马路，与他从前的"同事"现在的大款说几句闲言淡语。他穿着大两号的西装，在大兴土木的小镇上晃来晃去。每当城里风声看紧，小武总是被公安人员第一个看押起来。

贾樟柯把《小武》的录像带寄给柏林国际电影节青年电影论坛主席 Gregor，结果意外地被他选上，并且大为赞赏，称贾樟柯为"亚洲独立电影闪电般耀眼的希望之光"。

3. 娄 烨

娄烨，1965 年生于上海，1989 年毕业于北京电影学院导演系。

他的代表作是《周末情人》：阿西和李欣是高中同学，也是相好。他们每周末趁李欣父母不在家时约会。不料事情被某同学告发，阿西愤而报复，失手将其打死，在 1985 年的一个周末被捕入狱。一次误会让李欣认识了拉拉，拉拉每个周末都邀李欣看电影，渐渐地他们成了情人。1993 年，阿西出狱了，他的突然出现给李欣的感情世界刮来了一股飓风。阿西打伤了拉拉，受伤的拉拉被晨晨救起，并被介绍到她的丈夫张驰所组建的摇滚乐队中任主唱。张驰和他的乐队成员的生活笼罩在焦躁、迷惘的情绪中，他们都面临着精神、事业和情感的困境。李欣说："我们把自己当成社会上最痛苦的人。后来我才明白，不是社会不了解我们，而是我们不了解社会。"拉拉准备演出，阿西想去挑衅，在李欣的哀求下挑衅未果。李欣在两个男人之间奔波，精神上处于撕裂状态。拉拉愤而与阿西对质，一怒之下刺死了阿西。"不是生活变了，而是我们对生活的态度变了，我们开始学着回过头来看自己和做过的事。"若干年后拉拉出狱了，迎接他的不仅有李欣、晨晨、张驰他们，还有一个怀抱中的婴儿，婴儿的名字也叫拉拉。他们的脸上绽放出灿烂的微笑。

4. 霍建起

霍建起，1958 年生于北京，1978 年考入北京电影学院美术系。

他的代表作是《暖》：多年以前，秋收时节村里的人喜欢荡秋千，井河和暖都还是中学生，两个人在同一所中学里读书。暖因为长得漂亮，能歌善舞，在当地十分有名，大家都觉得暖迟早要到外面去唱戏、当演员的。很多男生，包括井河在内，都很喜欢她，只有村子里放鸭子的哑巴，老是和暖过不去。为此，井河和哑巴还动过手。井河决定推迟回城。曹老师并不意外，他告诉井河，暖和哑巴结婚七八年了，他们的女儿已经快六岁了。井河说自己以为暖早就远嫁他乡了，他没有想到暖会嫁给哑巴。井河发现自己爱上了暖是在小武生出现之后，省里剧团来村里演出，全村的男女老少都像过节一样，而吸引暖的不仅是剧团精彩的演出，还有一个长相英俊功夫出众的小武生。小武生也喜欢暖，他鼓励暖为实现当演员的理想而努力，暖也梦想着和他一起远走高飞。但是，秋千荡得再高也要回到原地。剧团走了，除了一句只要招生我一定通知你的承诺和一面小镜子外，小武生什么也没有留下，暖陷入了等待和思念的痛苦之中。此时的井河因为自己不能使暖解脱而深感苦恼，哑巴则时常在门口眺望。

5. 王小帅

王小帅，1965 年生，山东人。1989 年毕业于北京电影学院导演系，后分配至福建电影制片厂。

他的代表作是《冬春的日子》：男女主人公是一对青年画家。他俩自 16 岁起就一起上学、读大学、留校当老师。日子年复一年，就像一对老夫老妻居住在酷似一座监狱的学校里，却没有一个像样的家。卖画成了他俩唯一的希望，做爱成了一种义务和乐趣。

女的为了从这乏味的牢笼中挣脱出去，便联系出国的事。由于前途渺茫，男的对周遭的一切产生了深深的失望和疲倦。后来，女的意外怀孕了，两人的关系随之紧密起来。手术后，男的带女的回东北老家，新的环境似乎短暂地令他俩的生活产生了一些希望。然而，冲突又随之而来，且变本加厉。最后女的提前回去，离开了囚禁她的画室出了国，男的依旧回到旧生活状态中间，直至疯了。

这是一部关注人精神崩溃的电影，被 BBC 评为自电影诞生以来 100 部佳片之一，也是唯一一部入选的中国影片。

6. 管　虎

管虎，1969 年生于北京。1991 年毕业于北京电影学院导演系。

他的代表作是《西施眼》，讲述了三个不同年龄的女性在追逐梦想过程中经历的痛苦与欢乐。其分段式结构使人物在各自生活进程中发生交叉与重合，显示出彼此联系而具互文性的格局。管虎对影片气氛韵味的恰当把握、不愠不火的影像造型，使作品既洋溢着诗意充沛的地域特色和文化内涵，又保持了较强的艺术个性。

7. 李　欣

李欣，1969 年生于上海，1991 年毕业于北京电影学院导演系，毕业后分配到上海电影制片厂工作。

李欣的作品有：《谈情说爱》（1995 年）；《花眼》（2001 年）；《欲望边缘》（2003 年）；《自娱自乐》（2004 年）。

在《谈情说爱》影片中，他大胆运用了三段式的结构，三个关于"爱"和"情"的故事各自相对独立，同时又以人物的"巧合"将三个部分相互关联，从而达成统一。

8. 王全安

王全安，1965 年生于陕西西安，1991 年毕业于北京电影学院表演系。

1999 年，《月蚀》获得莫斯科国际电影大奖。《月蚀》所描述的并不是一个处在狂乱状态下的城市，也不是一群完全失去方向感的人。王全安在这部影片中表现出了中国电影中少有的开放心态。他没有拘泥在所谓爱情、欲望、反叛、情感等信手拈来的成套路的主题里。《月蚀》想要做的是细微地重现在充满变数的生活中，人们互相探询内心世界真实和真诚的意图，以及想要把握自己不可知的命运时不愿放弃的努力。影片中答案的神秘、对每个人物内心世界面纱式的细腻描写和主人公对未知谜团的努力探究，无不暗藏着一种感性的、执著的理想主义情绪。更加值得注意的是，这些情绪在现实生活中有着强大的、雄厚的依托。同一个演员扮演的两个女人的故事，似真似幻，表现了人性的复杂性以及人的生命的多重生活可能性和偶然性。这与《维洛尼卡的双重生命》中的现代主义主题的探索极为相似。

9. 姜　文

姜文，1984 年毕业于中央戏剧学院表演系。

他的代表作是《鬼子来了》：在抗日战争中，撤退的中国军队在村民马大三家里留下两个黄麻袋，马大三发现其中装着一个日本鬼子和一个汉奸翻译。6 个月过去了，中国军队不见踪影，村民们必须精心地看管住这两个俘虏，不让敌人发现，而且还要防止俘虏察觉到情况的变化。村民们要求马大三解决这两个鬼子，但他却下不了手。鬼子向马大三提议，愿意以粮食来换取自由，这可以救济正陷入饥荒中的村民。马大三相信了这个在他家住了多时的鬼子，结果却出乎他的意料。一次双方互为友好的宴会在日本兵对村民的大屠杀中结束,村子也被烧成了白地。《鬼子来了》是姜文在成功执导《阳光灿烂的日子》之后第二部电影作品。姜文的电影创作在影片题材的深刻性与影像的丰富性上达到了又一个高峰。他将该片送往戛纳电影节参展,并获得了大奖。

资料链接一

世界电影著名演员

一、世界电影著名男演员

1. 安东尼·霍普金斯(Anthony Hopkins)

出生日期:1937 年 12 月 31 日

主要影片:《沉默的羔羊》《汉尼拔》《哈姆雷特》《人性污点》《红龙》《尼克松》《惊情四百年》《冬之狮》《致使时刻》《佐罗的面具》

必看影片及角色:《沉默的羔羊》,莱科特博士

简介及评价:

安东尼·霍普金斯于 1937 年 12 月 31 日出生于英国的南威尔士。他是一位影、视、剧"三栖"演员。从戏剧学校毕业以后,他有很长的一段时间都在剧场里演出戏剧。扎实的戏剧功底为他从事其他方面的演艺事业奠定了基础。1968 年,他与明星凯瑟琳·赫本合演影片《冬之狮》。安东尼·霍普金斯出色的演技开始受到人们注目。

1992 年,安东尼·霍普金斯以其在《沉默的羔羊》一片中的

杰出表现获得了第 64 届奥斯卡最佳男主角奖的殊荣。他是奥斯卡历史上第三位获此荣誉的英国演员。1992 年，霍普金斯还在影片《惊情四百年》中出色地饰演了一位研究吸血鬼的专家。1993 年，霍普金斯又在影片《幻境》中成功地诠释了一位性格沉静的大学教授。他那感人至深的表演获得了观众们的一致好评。他的演技正被越来越多的人所肯定。

2. **约翰·库萨克（John Cusack）**

主要影片：《高保真》
必看影片及角色：《高保真》，罗伯·高登
简介及评价：一个好演员，但不是一个好明星

3. **杰克·尼科尔森（Jack Nicholson）**

出生日期：1937 年 4 月 22 日
主要影片：《飞越疯人院》《母女情深》《尽善尽美》《逍遥骑士》《唐人街》《闪灵》

必看影片及角色：《高保真》，罗伯·高登
简介及评价：

杰克·尼科尔森 1937 年 4 月 22 日生于新泽西州的尼普顿。他 17 岁进好莱坞，先在 20 多部影片中担任配角，后干过制片、编剧与发行。在《飞越疯人院》中，他以细腻的心理刻画和传神的外部动作，使角色熠熠生辉，从而夺得奥斯卡影帝桂冠。1984 年，他因在《母女情深》中淋漓尽致地表现出一个多情男子复杂的内心世界而获得奥斯卡最佳男配角奖。除了《飞越疯人院》和《母女情深》，其代表作还有《邮差总按两次铃》《普里策家族的荣誉》《紫苑草》《心火》与《蝙蝠侠》等。曾两次当上奥斯卡影帝的杰克尼科尔森，是好莱坞的"邪魔之王"。他扮演的角色总显得那么疲倦、邪恶，甚至叛逆不羁；但又是那么凝重、丰满和耐人寻味。

4. 詹姆斯·斯图尔特（James Stewart）

出生日期：1908 年 5 月 20 日
主要影片：《迷魂记》《后窗》
必看影片及角色：《迷魂记》，斯科特
简介及评价：
一个万能的演员，胜任各种角色。

5. 爱德华·诺顿（Edward Norton）

出生日期：1969 年 8 月 18 日
主要影片：《美国 X 历史》
必看影片及角色：《美国 X 历史》，德瑞克
简介及评价：
天生就是演员的料，无法与之抢戏。

6. 汤姆·汉克斯（Tom Hanks）

出生日期：1956 年 7 月 9 日
主要影片：《费城故事》《西雅图夜未眠》《阿甘正传》《拯救大兵瑞恩》
必看影片及角色：《拯救大兵瑞恩》，米勒上尉
简介及评价：

1984 年，汉克斯演出由迪斯尼公司制作出品的《美人鱼》获得成功，这使他开始走上成名之路。在 1990 年、1992 年和 1993 年分别主演了电影《虚无的篝火》《骄阳岁月》及《西雅图夜未眠》，引起了一连串的轰动。

1993 年，因主演《费城故事》而获得奥斯卡最佳男主角的金像奖；1994 年，因主演《阿甘正传》再次获奖；1999 年，因主演《拯救大兵瑞恩》第三次获奖。

7. 哈里森·福特（Harrison Ford）

出生日期：1942 年 7 月 13 日

简介及评价：

出生于美国芝加哥的他是好莱坞最为卖座的影星。在影史上最卖座的前三十部电影中，他一个人包揽了 8 部：早期有《星际大战》《帝国大反击》《绝地大反攻》《魔宫传奇》《夺宝奇兵》《圣战奇兵》，近期有《燃眉危机》《空军一号》。他是制片商的宠儿。

8. 阿尔·帕西诺（AL Pacino）

主要影片：《教父》《教父 2》《狗日的下午》《闻香识女人》《魔鬼代言人》

必看影片及角色：《教父 2》，迈克尔·科里奥尼

简介及评价：

一位天生就适合主演教父、魔鬼撒旦的人，你看看那张在基努·里维斯身后的脸就知道什么叫魔鬼了。

9. 凯文·斯贝西（Kevin Spacey）

出生日期：1959 年 7 月 26 日

主要影片：《恐怖地带》《非常嫌疑犯》《七宗罪》《K 星异客》

必看影片及角色：《教父 2》，迈克尔·科里奥尼

简介及评价：

在《非常嫌疑犯》中饰演老谋深算的骗子金特使的他，轻而易举地获得了 1996 年的奥斯卡奖最佳男配角奖。

1996 年主演的《洛城机密》在奥斯卡颁奖晚会上大放异彩，共获得九项提名和两项金奖。

1999 年，凯文·斯贝西主演了黑色幽默片《美国美人》，他因此获得奥斯卡最佳男演员奖。

10. 罗伯特·德尼罗（Robert de Niro）

出生日期：1943 年 8 月 17 日

主要影片：《出租汽车司机》《愤怒的公牛》《教父 2》

必看影片及角色：《出租汽车司机》，特拉维斯

简介及评价：

罗伯特于 1943 年 8 月 17 日出生于美国纽约，父母均是著名的艺术家，他是美国演技派的代表人，是继马龙·白兰度后又一位表演天才。1974 年，德尼罗出演科波拉的名作《教父》第二集，扮演年轻时代的教父，出色地发挥了他的天才演技。1976 年，罗伯特德尼罗主演了美国最具影响力的《出租车司机》。

二、世界电影著名女演员

1. 娜塔利·波曼（Natalie Portman）

出生日期：1981 年 6 月 9 日

出生地点：以色列耶路撒冷

主要影片：《杀手雷昂》《美丽女孩》《星球大战前传：幽灵的威胁》

必看影片及角色：《杀手雷昂》，玛琳达

简介及评价：

娜塔莉 1981 年 6 月 9 日生于以色列耶路撒冷，3 岁后随全家搬到纽约。

娜塔利·波曼

1995 年，她在麦克尔曼的《盗火线》中做了艾尔帕西诺的继女，1996 年在《火星人攻击地球》中出演杰克尼科尔森的女儿。同年，她又出现在伍迪·艾伦的音乐喜剧《人人都说我爱你》里。娜塔莉在剧中的轻松表演赢得了观众的喜爱。

1997 年，娜塔莉登上舞台出演《安妮·弗兰克的日记》，每次结束后都获得长达近一个小时的谢幕。

2. 奥黛丽·赫本（Audrey Hepburn）

出生日期：1929 年 5 月 4 日

奥黛丽·赫本

出生地点：比利时布鲁塞尔

主要影片：《罗马假日》《窈窕淑女》《龙凤配》《蒂凡尼的早餐》

必看影片及角色：《蒂凡尼的早餐》，薏莉

简介及评价：

表演质朴而富于激情。因主演影片《龙凤配》(1954年)、《修女传》(1959年)、《蒂凡尼的早餐》(1961年)和《等到天黑》(1967年)而四次获得奥斯卡最佳女演员奖提名，并因《罗马假日》而获得奥斯卡最佳女演员奖。

1993年1月20日，赫本死于癌症，享年63岁。

3. 卡梅隆·迪亚茨（Cameron Diaz）

出生日期：1972年8月30日

主要影片：《霹雳骄娃》《变相怪杰》

必看影片及角色：《变相怪杰》，蒂娜·卡里

简介及评价：

卡梅隆是一个具有古巴、德国、英国及美国印第安人血统的混血儿。16岁时成为一名模特。1994年，她从T型舞台走向银幕，在《变相怪杰》中饰演主角斯

卡梅隆·迪亚茨

坦利一见倾心的美丽女孩。卡梅隆的事业从此进入一个新领域。1995年，卡梅隆开始在一些小型、独立制作的影片中锻炼演技和充当角色。她参加了低成本电影《最后的晚餐》的拍摄并获得成功。该片成为她演得最成功的一部电影。

4. 梅丽尔·斯特里普（Meryl Streep）

出生日期：1949年6月22日

出生地点：美国新泽西州

主要影片：《猎鹿人》《克莱默夫妇》《苏菲的选择》《走出非洲》《廊桥遗梦》《真情》《岁月星尘》（又译为《来自边缘的明信片》）

必看影片及角色：《岁月星尘》，苏珊娜·维丽

简介及评价：

1977年出演的第一部影片《朱莉娅》就让她名声大作。由于斯特里普在影片《猎鹿人》中的精彩表演，她获得了生平第一次奥斯卡奖提名。因主演《克莱默夫妇》和《苏菲的选择》而获得奥斯卡最佳女主角奖。

梅丽尔·斯特里普

从影20多年来，斯特里普陆续获得了12次奥斯卡奖提名。

241

5. 安吉莉娜·朱莉（Angelina Jolie）

出生日期：1975年6月4日

出生地点：美国加州

主要影片：《移魂女郎》《人骨拼图》《原罪》《古墓丽影》《随心所欲》

必看影片及角色：《移魂女郎》，丽莎·罗威

简介及评价：

1975年6月4日出生于加州的安吉莉娜，因为父亲是名演员强沃特，所以很早就开始接触戏剧。因为害怕

安吉莉娜·朱莉

父亲的盛名之累，安吉莉娜决定不用父亲的姓氏。在短短五年之内，她就得了两次金球奖，下一个目标当然就是奥斯卡了。

6. 凯瑟琳·赫本（Katharine Hepurn）

出生日期：1907 年 5 月 12 日

出生地点：美国康涅狄格州

主要影片：《宝贝站起来》（又译：养育成人）、《猜猜谁来赴晚宴》、《费城故事》、《冬狮》、《金色池塘》

必看影片及角色:《宝贝站起来》, 温斯

简介及评价：

凯瑟琳·赫本 1907 年 5 月 12 日出生于美国康涅狄格州的哈特福德市，父亲是一名医生，母亲是一名争取妇女参政权力的运动者。

凯瑟琳·赫本

1932—1934 两年间，她主演了五部电影。其中，第三部影片《清晨的荣誉》荣获奥斯卡金像奖。第四部影片《小女人》获得当年最佳影片奖。1940 年，根据赫本的同名舞台戏改编而制作的影片《费城故事》取得了票房上的成功，赫本同时也第三次获得奥斯卡提名。

她一生获得 12 次奥斯卡提名、四次获得奥斯卡大奖。

7. 朱丽安·摩尔（Julianne Moor）

出生日期：1960 年 12 月 3 日

出生地点：美国北卡罗兰那州

主要影片：《朱罗纪公园：迷失的世界》《安全》

必看影片及角色:《安全》, 卡洛·怀特

简介及评价：

作为好莱坞中年女星的代表，她的闪光点不在于她妖娆的外表，而是其展现出的执著、坚强与内在的超凡气质。

8. 西格尼·韦佛（Sigourney Weaver）

出生日期：1949 年 10 月 8 日

出生地点：美国纽约

主要影片：《异形》《异形 2》

必看影片及角色：《异形》，瑞普莉

简介及评价：

曾经是名噪一时的动作片中的女英雄，但其实她是一位喜剧片演员。她能排在这个位置也确实让人感到十分意外。

9. 朱迪·福斯特（Jodie Foster）

出生日期：1962 年 11 月 19 日

出生地点：美国加州

主要影片：《安娜与国王》《似是故人来》《沉默的羔羊》《赌侠马华力》

必看影片及角色：《沉默的羔羊》，斯达琳

简介及评价：

朱迪·福斯特

朱迪因在《出租汽车司机》中饰演雏妓得到了奥斯卡最佳女配角的提名。《暴劫梨花》最终成为朱迪电影生涯中获得的第一个奥斯卡最佳女主角奖。后来的《沉默羔羊》使她得了第二个奥斯卡影后奖。

由她自己制作并主演、获得奥斯卡最佳女演员提名的《大地的女儿》，以及第二部导演作品《假日返家》，都是自己的制片公司"蛋"所制作的。如今的她已成为好莱坞最有权力的女性之一。

10. 朱莉娅·罗伯茨（Julia Roberts）

出生日期：1967 年 10 月 28 日

出生地点：美国佐治亚州

主要影片：《常伴我左右》《风月俏佳人》《绝对机密》《决不妥协》《塘鹅暗杀令》《落跑新娘》《美国甜心》

必看影片及角色：《决不妥协》，艾琳·布洛克维奇

简介及评价：

朱莉娅·罗伯茨

1988 年，茱莉娅通过电影《芳心情浓》得以崭露头角；然后，《常伴我左右》给她带来第一次奥斯卡提名的机会。《风月俏佳人》第二次获奥斯卡提名。直到 1997 年的《新娘不是我》才真正让她扬眉吐气，并获得金球奖的提名。茱莉娅与休格兰特合作的浪漫喜剧《诺丁山》也获得了巨大的成功。

资料链接二

中国电影大事记（1896—2004）

1896 年　　电影传入中国。

1905 年　　中国第一部电影正式诞生。《定军山》是其标志。

1908 年　　意大利侨民劳罗在上海拍摄了《上海第一辆电车行驶》《上海租界各处风景》《强行剪辫》等短纪录片。

1909 年　　　中国出现的第一家电影制片公司——亚细亚影戏公司在上海建立。

1911 年 5 月上海城自治公所颁布《取缔影戏场条例》，共 7 条。反映辛亥革命的短纪录片《武汉战争》在上海谋得利戏园上映。

1913 年　　　中国人自组的电影公司新民公司在上海成立。中国第一部短故事片《难夫难妻》（又名《洞房花烛》）问世。黎民伟在香港拍摄了短故事片《庄子试妻》。

1916 年　　　幻仙影戏公司在上海徐家汇成立。

1917 年　　　上海商务印书馆开始涉足电影业。

1919 年　　　亚细亚影戏公司拍摄了《偷烧鸭》等一批喜剧短片（时称为滑稽短片）。中国影片制造公司在南通成立。

1920 年　　　商务印书馆影片部摄制了由梅兰芳主演并导演的京剧短片《春香闹学》和《天女散花》，这是梅兰芳涉足电影的开始。

1921 年　　　中国第一部长故事片《阎瑞生》问世。

1922 年　　　《海誓》《掷果缘》《红粉骷髅》上映。

1928 年　　　武侠神怪片《火烧红莲寺》（第一集）上映。

1929 年　　　首映有声影片《飞行将军》（仅有声响，并无对白）。本年度出现的主要影片有《火烧红莲寺》四至九集、《王氏四侠续集》、《乾隆游江南》一至四集、《儿女英雄》二至三集、《红侠》、《风流剑客》、《飞行大盗》、《白玫瑰》、《关东大侠》等。

1930 年　　　《野草闲花》上映。该片采用蜡盘配音的方法为影片插曲《寻兄词》配音，这是中国电影的第一首插曲。

1931 年　中国第一部有声电影《歌女红牡丹》问世。

1933 年　《狂流》《春蚕》《三个摩登女性》《都会的早晨》
《小玩意》和《城市之夜》上映。

1934 年　联华影业公司摄制的影片《神女》上映。该片是
中国无声电影最重要的代表作之一。《姊妹花》
《渔光曲》上映。

1935 年　《大路》《新女性》上映，后者为著名影星阮玲
玉主演的最后一部影片。《都市风光》上映，这
是中国第一部音乐喜剧片。中国第一部有声动画
片《骆驼献舞》制作完成。

1936 年　《化身姑娘》《迷途的羔羊》《狼山喋血记》上映。

1937 年　《壮志凌云》《联华交响曲》《夜半歌声》《十字街
头》《马路天使》上映。

1938 年　抗日题材影片《保卫我们的土地》《热血忠魂》
和《八百壮士》上映。

1939 年　《木兰从军》连映 85 天。摄制了大型纪录片《延
安与八路军》《孤城喋血》《中华儿女》《保家乡》
《好丈夫》等抗战电影。

1940 年　摄制了《东亚之光》《胜利进行曲》《塞上风云》
等 8 部抗日题材故事片及大型抗战纪录片《民族
万岁》。

1941 年　《西施》《家》(上、下集) 上映。中国第一部大
型动画片《铁扇公主》(片长 80 分钟) 问世。

1943 年　《秋海棠》《红楼梦》两部文学名著影片在上海
上映。

1944 年　拍摄了《气壮山河》《血溅樱花》等抗战题材
影片。

1947 年　《八千里路云和月》举行了首映。《天堂春梦》《假

凤虚凰》《一江春水向东流》（上、下集）上映。

1948 年　抗日题材影片《松花江上》公映。《乘龙快婿》《夜店》《艳阳天》《万家灯火》《小城之春》《生死恨》上映。

1949 年　《丽人行》上映。新中国第一部故事片《桥》（导演王滨）问世。

1950 年　《我这一辈子》（根据老舍小说改编）摄制完成，成为春节期间最上座的影片，并获得文化部优秀影片二等奖。

1951 年　上影厂拍摄的《南征北战》摄制完成。这是新中国拍摄的第一部优秀的战争片。

1953 年　越剧片《梁山伯与祝英台》完成。这是新中国第一部彩色片。

1954 年　惊险故事片《渡江侦察记》完成，上映后受到热烈欢迎。

1955 年　《梁山伯与祝英台》在法国戛纳国际电影节上放映，并于 27 日在巴黎明星电影院正式上映。

1957 年　《柳堡的故事》《女篮五号》《羊城暗哨》等影片深受观众欢迎。

1958 年　《黄宝妹》公映，被评价为"纪录性艺术片"的代表作。第一部中外合拍故事片《风筝》（中法合拍）问世。1958 年出品的故事片高达 105 部。

1959 年　中国电影代表团携片参加第一届莫斯科国际电影节。《老兵新传》获电影节技术成就奖，《小鲤鱼跳龙门》获动画片银质奖。

1960 年　新中国第一部彩色歌舞片《刘三姐》完成。

1962 年　第一届《大众电影》百花奖评选结果揭晓，《红色娘子军》获最佳故事片奖。

1963 年	本年度最受观众欢迎的影片有《冰山上的来客》《小兵张嘎》《早春二月》《野火春风斗古城》等。
1964 年	《英雄儿女》《雷锋》《小铃铛》《霓虹灯下的哨兵》《阿诗玛》等一批优秀影片问世。
1965 年	《地道战》、《烈火中永生》、《舞台姐妹》等"文化大革命"前最后一批经典影片问世。
1970 年	摄制完成第一部"样板戏电影"——彩色京剧艺术片《智取威虎山》。
1971 年	完成"样板戏电影"《红灯记》(京剧)、《沙家浜》(京剧)和《红色娘子军》(舞剧)的拍摄。
1974 年	全国上映《火红的年代》《艳阳天》《青松岭》等影片。
1975 年	《春苗》在全国公映。
1976 年	《欢腾的小凉河》在全国公映。《创业》《海霞》《园丁之歌》等受到"四人帮"批判的电影在全国恢复上映。
1978 年	水墨动画片《小蝌蚪找妈妈》在南斯拉夫第三届萨格勒布国际动画电影节上获一等奖。动画片《大闹天宫》(上、下集)在英国第 22 届伦敦国际电影节获最佳影片奖。
1979 年	本年度出品的重要影片有：《归心似箭》《小花》《生活的颤音》《苦恼人的笑》等。
1980 年	《巴山夜雨》《天云山传奇》等一批反思性影片摄制完成。
1981 年	本年度出品的重要影片有《西安事变》《喜盈门》《邻居》《沙鸥》《被爱情遗忘的角落》《乡情》等。
1982 年	《城南旧事》《人到中年》《牧马人》《骆驼祥子》等一批重要影片摄制完成。

248

1983 年　　《泉水叮咚》在意大利第 13 届吉福尼国际儿童电影节被评为一等奖。本年度较有影响的影片包括《咱们的牛百岁》《血，总是热的》《夕照街》《我们的田野》等。

1984 年　　《猎场扎撒》《野山》《良家妇女》《黑炮事件》等重要影片问世。

1987 年　　《老井》获第二届东京国际电影节大奖。《红高粱》《老井》《人·鬼·情》《孩子王》《太阳雨》《我只流三次泪》《最后的疯狂》等一批重要影片摄制完成。

1988 年　　《红高粱》在第 38 届西柏林国际电影节上获得"金熊奖"。这是我国第一次在欧洲三大国际电影节上获得最高奖。《芙蓉镇》在捷克斯洛伐克第 26 届卡罗维·发利国际电影节获电影节大奖。

249

1989 年　　《金猴降妖》、木偶片《神医》分别获美国第六届芝加哥国际儿童电影节动画故事片一等奖、动画短片一等奖。《开国大典》问世，该片对传统的革命历史题材影片的发展具有重要意义。

1990 年 2 月《本命年》获得第 40 届柏林国际电影节银熊奖。赵丽蓉因《过年》一片获日本东京国际电影节最佳女主角奖。本年度重要影片有《焦裕禄》《我的九月》《北京，你早》《老店》《龙年警官》《血色清晨》等。

1991 年　　《哦，香雪》获得第 41 届柏林电影节儿童片奖。这是中国电影第一次获得这一奖项。《大红灯笼高高挂》在威尼斯国际电影节上获得银狮奖。本年度重要影片包括《大决战之一——平津战役》《大决战之二——淮海战役》《过年》《火焰山来的鼓手》《留守女士》等。

1992 年　　《秋菊打官司》在威尼斯国际电影节上获得金狮奖。
　　　　　　本年度重要影片有《站直啰，别趴下》《秋菊打
　　　　　　官司》《香魂女》《阙里人家》《大撒把》《新龙门
　　　　　　客栈》《蒋筑英》《三毛从军记》等。

1993 年　　《香魂女》和台湾的《喜宴》同获第 43 届柏林
　　　　　　电影节金熊奖。
　　　　　　本年度重要影片有《重庆谈判》《霸王别姬》《无
　　　　　　人喝彩》《炮打双灯》等。

1994 年　　本年度重要影片有《被告山杠爷》《背靠背、脸
　　　　　　对脸》《二谟》等。

1995 年　　本年度重要影片有《孔繁森》《九香》《七七事变》、
　　　　　　《大辫子的诱惑》《赢家》等。

1996 年　　本年度出品的重要影片有《鸦片战争》、《大转折》
　　　　　　（上下）、《红河谷》等。

1997 年　　第一部"贺岁片"《甲方乙方》问世。
　　　　　　本年度出品的重要影片有《大进军》系列：《南
　　　　　　线大追歼》《席卷大西南》《安居》《长征》等。

1998 年　　本年度出品的重要影片有《不见不散》《离开雷
　　　　　　锋的日子》《一个都不能少》等。

1999 年　　本年度出品的重要影片有《黄河绝恋》《紧急迫
　　　　　　降》《大战宁沪杭》《洗澡》等。

2000 年　　本年度重要影片有《生死抉择》等。

2001 年　　本年度出品的重要影片有《寻枪》《开往春天的
　　　　　　地铁》《我的兄弟姐妹》等。

2002 年　　本年度出品的重要影片有《邓小平》《美丽的大
　　　　　　脚》《冲出亚马逊》《和你在一起》《卡拉是条
　　　　　　狗》等。

2003 年   中国第一部数字电影《冬至》摄制完成。《英雄》
创下了 2.5 亿元的票房纪录。

本年度出品的重要影片有《英雄》《惊涛骇浪》
《暖》等。

2004 年   本年度出品的重要影片有《十面埋伏》《手机》等。

参考文献

[1] 朱光潜. 西方美学史. 北京：人民文学出版社，1979.

[2] 彭富春. 哲学美学导论. 北京：人民出版社，2005.

[3] 沈福煦. 建筑美学. 北京：中国建筑工业出版社，2007.

[4] 杨铭铎. 饮食美学及其餐饮产品创新. 北京：科学出版社，2007.

[5] 王志敏. 电影美学分析原理. 北京：中国电影出版社，1993.

[6] 殷珍泉. 礼仪学问. 北京：台海出版社，2002.

[7] 杨萍. 社交礼仪与形体训练. 北京：中国科学技术出版社，2007.

[8] 金正昆. 服饰礼仪. 北京：北京大学出版社，2004.

[9] 彭富春. 身体美学的基本问题. 中州学刊，2005（3）.

[10] 杨庆峰. 物质身体、文化身体与技术身体——伊德的"三个身体"理论之简析. 上海大学学报，2007（1）.

后 记

　　《实用美学》是根据几所高校的教师多年的课堂讲义编写而成的，是大家多年教学经验的结晶。参与本书编写的高校包括四川信息职业技术学院、河南理工大学、焦作师范高等专科学校、焦作大学等。该书的写作分工如下：第一章由亢春光（河南理工大学）老师编写；第二章由冯斌斌（河南理工大学）、芦景（焦作师范高等专科学校）老师编写；第三章由亢春光（河南理工大学）、杜华刚（焦作大学）老师编写；第四章和第五章由冯斌斌（河南理工大学）、杜华刚（焦作大学）老师编写；第六章由芦景（焦作师范高等专科学校）、亢春光（河南理工大学）老师编写；第七章由杜华刚（焦作大学）老师编写；第八章由亢春光、冯斌斌（河南理工大学）老师编写；第九章由俞天鹏、芦景老师编写。四川信息职业技术学院的俞天鹏老师拟定编写大纲并负责最后统稿。四川信息职业技术学院的任雪莲、王东坡老师为书稿资料的搜集、整理付出了大量的劳动，对本书的内容提出了宝贵的修改意见。

　　出于教学的需要，书中引用了许多专家的成果，包括一些素材。由于该书的主体是由多年的讲义构成的，因此所引资料未能一一注明出处，敬请谅解并致以诚挚的谢意！此外，本书的出版得到了各相关单位和个人的大力支持，在此一并表示感谢！

俞天鹏

2009 年 6 月于广元